Topos plus **Taschenbücher**
Band 331

W0229156

Karl-Heinz Menke

Handelt Gott,
wenn ich ihn bitte?

Topos plus Taschenbücher

Topos plus **Verlagsgemeinschaft**

Die Mitglieder der Verlagsgruppe Engagement:
Butzon & Bercker -Kevelaer | Don Bosco -München | Echter -Würzburg
Lahn-Verlag -Limburg | Matthias-Grünewald-Verlag -Mainz
Paulusverlag -Freiburg Schweiz | Friedrich Pustet -Regensburg
Styria -Graz Wien Köln | Tyrolia -Innsbruck Wien

Die Deutsche Bibliothek – CIP-Einheitsaufnahme
Ein Titeldatensatz für diese Publikation ist bei
Der Deutschen Bibliothek erhältlich

2. Auflage 2001
© 2000 Verlag Friedrich Pustet, Regensburg

Einband- und Reihengestaltung:
home.made designarbeit -Essen
Herstellung: Pustet, Regensburg
Printed in Germany

Topos^{plus} – Bestellnummer: 3-7867-8331-4

Gewidmet
den Schwestern
des Essener Karmel „Maria in der Not"
mit herzlichem Dank
für das Geschenk ihres
stellvertretenden Betens

Inhalt

Vorwort

Kann unser Beten, unser Bitten und Fürbitten Gott zu etwas bewegen? Will Gott besonders ausdauernd und auf Knien von uns gebeten werden? Will er unser Opfer, bevor er uns gibt, worum wir ihn bitten? Bewirken Ordensleute, die sich ganz und gar dem Beten widmen, mehr als Leute, die sich lieber auf sich selbst verlassen? Wie ist Gott lieb, wenn er gebeten werden will? Und überhaupt: *Kann* Gott denn eigentlich, worum ich bitte? Ist er nicht eher ohnmächtig, wenn er nicht einmal Jesus Christus vor dem Kreuz bewahren konnte? Und wo war *Er* denn in Stalingrad, in Auschwitz oder Hiroshima? Wenn er allmächtig ist, ist er dann lieb? Und wenn er lieb ist, was kann er dann noch?

Schon ganz am Anfang der Heilsgeschichte steht einer, dessen Fürbitte von Gott ganz ernst genommen wird: Abraham, der sich einsetzt für die anderen (Gen 18,16–33): Vielleicht, Herr, gibt es fünfzig Gerechte in der Stadt Sodom; vielleicht nur fünfundvierzig, vielleicht nur vierzig, vielleicht nur dreißig, vielleicht nur zwanzig, vielleicht nur zehn. Und Gott geht auf das Bitten Abrahams ein; er läßt sich bewegen. Mose versucht es ebenso in seiner Fürbitte für die Anbeter des Goldenen Kalbes (Ex 32,30–32). Durch die gesamte Heilsgeschichte Israels, durch die gesamte Geschichte der Heiligen bis heute zieht sich wie ein roter Faden die Überzeugung, daß Gott sich abhängig macht vom Beten derer, mit denen er einen Bund eingegangen ist. Walter Habdank – ein begnadeter Künstler unserer Zeit – hat Mose ins Bild gefaßt, wie er die Arme zum Himmel reckt – in der Überzeugung, daß Israel seine Feinde besiegt, solange er betet (Ex 17,8–14); vgl. S. 81.

Die folgenden Ausführungen zu der Frage „Handelt Gott, wenn ich ihn bitte?" wollen einen breiten Leserkreis ansprechen. Sie verzichten deshalb auf den theologischen

Fachjargon, auf komplizierte Differenzierungen und viele Fußnoten; nicht aber auf den Anspruch, den Inhalt des Glaubens und der Glaubenspraxis kritisch zu reflektieren. Große Teile dieses Büchleins basieren auf Predigten und Vorträgen, die ich als Seelsorger gehalten habe. Dies gilt besonders für den abschließenden Versuch, die Gedenktage der Heiligen Woche und des Osterfestkreises als Antworten auf die Frage „Handelt Gott, wenn ich ihn bitte?" zu interpretieren. Aber eingeflossen in diese Reflexionen sind auch jene eher akademischen Diskussionen, die ich in den Seminaren der Katholisch-Theologischen Fakultät in Bonn mit vielen Studentinnen und Studenten führen durfte.

Es geht in diesem Bändchen um die Brücke zwischen Theologie und gelebtem Glauben. Wenn die Lektüre wenigstens einigen Lesern hilft, diese Brücke zu beschreiten, dann hat sich meine Mühe gelohnt.

Bonn am Fest Kreuzerhöhung 1999
Karl-Heinz Menke

1. Ist Gott der „Ich-bin-da"?

Vielleicht scheint die folgende These reichlich undifferenziert. Aber ich meine, daß die Abständigkeit so vieler getaufter Christinnen und Christen, daß die Verdunstung des Glaubens, die Abspaltung des Lebens vom Glauben letztlich einen einzigen Grund hat: nämlich den, daß die meisten Menschen – oft genug auch diejenigen, die noch jeden Sonntag zur Kirche gehen und das Sakrament der Eucharistie empfangen – Gott faktisch für ein transzendentes Wesen halten, das da ist, wo wir nicht sind, das auf den Plan tritt, wenn dieses Leben zu Ende ist, das vielleicht da und dort – so etwas soll es ja geben – ein Wunder wirkt, das aber in aller Regel auch dann nicht hilft, wenn es auf Knien darum gebeten wird.

Die fortschreitende Transzendierung Gottes – theoretisch wie praktisch – hat viele Gründe:

Stichwort *Auschwitz*: Kann man nach der Ermordung von sechs Millionen Juden noch glauben, daß Gott handelt, wenn er darum gebeten wird? Und wenn dieser Gott doch hier und da ein Wunder wirken kann, warum dann so selten? Wenn er es grundsätzlich kann, warum befreit er dann nicht alle zu Unrecht Eingesperrten, warum heilt er nicht alle Blinden, Behinderten und Krebskranken?

Stichwort *Medien:* Täglich sehen wir im Fernsehen Bilder von Kriegen, Hungersnöten, Erdbeben und Flutkatastrophen; Menschen auf der Flucht; vergewaltigte, gefolterte, ermordete Menschen; unter ihnen unschuldige Kinder und unterschiedslos Gläubige wie Ungläubige. Wo liegt der Unterschied in den Schicksalen derer, die beten, zu den Schicksalen derer, die nicht beten?

Stichwort *Esoterik*: Für den Esoteriker ist Gott jenseits alles Irdischen. Deshalb ist für ihn eines gewiß: Gott handelt nicht in der Welt. Wenn man Gott erfahren will, muß man diese Welt verlassen. Und wenn das nicht körperlich geht, dann doch mental. Also greift man zu allen möglichen Praktiken der Versenkung und Weltflucht.

Die Gotteserfahrung Israels

Fragen wir *in einem ersten Schritt*: Was sagt die Heilige Schrift, was sagt die Bibel, was sagt das Wort Gottes zu diesen Einwänden?

Ohne Fußnoten, ohne Einschränkung, sagt die Heilige Schrift von Gott: Er ist „der Ich-bin-da" (Ex 3,14). In der Bibel ist Gott nicht deshalb „transzendent", weil er außerhalb von Welt und Geschichte ist, sondern ganz im Gegenteil, weil er in jedem seiner Geschöpfe „da ist", ohne deshalb mit irgendeinem Geschöpf oder mit der Summe aller Geschöpfe identisch zu sein.

Weil die Welt, wenn man sie zu Gott addiert, Gott nichts hinzufügt, ist Gott keinem Geschöpf gegenüber der schlechthin „Andere", sondern – wie Nikolaus von Kues formuliert – der „Nicht-Andere". Israel lernt in seiner Geschichte: Wäre Gott auf dieselbe Weise wie die Dinge dieser Welt oder wie der Mitmensch ein „Gegen-über", dann wäre er ein Gegenstand, ein Götze und nicht der Grund alles Seienden. Und das heißt: Losgelöst von Jahwe, gleichsam „für sich", ist das Geschöpf im wahrsten Sinne dieses Wortes „nichts". Deshalb heißt es in Psalm 104,29f : „Nimmst du ihnen den Atem, so schwinden sie hin und kehren zurück zum Staub der Erde. Sendest du deinen Geist aus, so werden sie alle erschaffen, und du erneuerst das Antlitz der Erde."

Am Anfang der Gotteserfahrung Israels steht der Glaube an den Gott des Exodus, an den Weg-Gott, an den begleitenden Gott, an den Bundes-Gott. Verdichtet hat sich diese Erfahrung des „Ich-bin-da-Gottes" in dem Bild von der Wolke am Sinai und über dem Bundeszelt in der Wüste bis zu der lichten Wolke, die im Neuen Testament auf dem

Berge Tabor die Nähe Gottes verkündet. Das hebräische Bild der „shekina" bedeutet: daß Gott als der Transzendente der Immanente ist, daß er sich allem Greifen-, Begreifen- und Verfügenwollen entzieht und gerade deshalb nicht da oder dort, sondern in jeder Kreatur und jedem Zeitpunkt der „Ich-bin-da" ist.

Als Zukunft ist er mit jedem Zeitpunkt verbunden, ohne mit irgendeinem Zeitpunkt identisch zu sein. Als Zukunft durchkreuzt er jeden Versuch, die Vergangenheit zu begraben und die Gegenwart zu verabsolutieren. Wenn wir unsere Zukunft nicht künstlich verdrängen, bestimmt sie unser Denken und Handeln, Reden und Planen; und dennoch – oder besser: gerade deswegen – können wir sie nicht vorwegnehmen, durchschauen und begreifen.

Gott ist in der Bibel nicht die Ewigkeit, die der Zeit als „das ganz Andere" *gegenüber*steht. Nein, Gott ist die Zukunft. Man könnte auch sagen: Der Gott Abrahams, Isaaks und Jakobs *„ist"* nicht da *oder* dort; nein, er *„geschieht"* gleichzeitig da *und* dort. Er ist wie die Zukunft, die jeden Zeitpunkt bestimmt, ohne mit irgendeinem Zeitpunkt identisch zu sein.

Was der eben ausgeführte Sachverhalt konkret bedeutet, läßt sich nur erschließen, wenn man die jüdische Zeitauffassung als Grundlage auch des Bundes und der Tora erkennt.

Die Tora als die Gesamtheit der geschichtlich erfolgten Willensoffenbarung Gottes ist keine Lehre über Gott, sondern das Medium, durch das Gott sich als Zukunft in die Zeit jedes Menschen hinein vermittelt. Oder anders ausgedrückt: Wenn der Mensch jeden Zeitpunkt seines Lebens, jede Situation, jedes Glück und Leid von Gott her und auf Gott hin betrachtet, dann übersetzt er die Tora in jeden Augenblick seines Lebens. Die Tora ist zugleich *Gabe* Gottes und *Aufgabe* ihres Adressaten, des Menschen. Sie ist Inbegriff des Bundes.

Allzu lange haben Christen das, was sie Evangelium und Gnade nennen, dem Gesetz bzw. der Tora der Juden als das ganz andere, als das Neue und unendlich viel Bessere gegenübergestellt. Wenn man beobachtet, daß die Juden die Tora-Rollen auf ähnliche Weise als Ausdruck der realen Anwesenheit Gottes betrachten wie die Christen das Sakrament der Eucharistie, dann verbietet sich die Degradierung der Tora zu einem bloßen Imperativ von selbst. Die Tora ist viel mehr als eine Sammlung von Geboten und Verboten . Sie ist das Geschenk der Anwesenheit Gottes. Sie ist Gnade.

Jesus verwirft die Tora nicht, sondern er ist deren Erfüllung – und dies nicht, weil er durch Antithesen („Euch ist gesagt worden …; ich aber sage euch …") eine buchstabengetreuere und rigorosere Auslegung der Tora einfordert. Denn die Antithesen, die Jesus zum Beispiel in der Bergpredigt vorträgt, sind dem Inhalt nach nichts Neues und dem zeitgenössischen Judentum durchaus geläufig; nein, Jesus intendiert nicht die Aufhebung oder Überbietung der Tora, sondern deren Übersetzung in das eigene Fleisch.

Um zu illustrieren, was die „Inkarnierung" der Tora (des Sinns der Geschichte) in jeden „Ort" von Zeit und Raum bedeutet, empfiehlt sich ein Ausflug in die sogenannte Responsenliteratur des Judentums. Unter Responsen versteht man Rechtsgutachten, Antworten auf Anfragen, wie man sich in konkreten Fällen verhalten solle. Nahezu alle Bereiche des jüdischen Lebens sind in ihnen reflektiert: von der Organisation und Struktur der Gemeinden, über Speisegewohnheiten und Kleidervorschriften, bis hin zu prekären moralisch-ethischen Fragen.

Solche Responsensammlungen gibt es auch aus der Zeit der Shoa – z. B. aus dem Ghetto von Warschau und dem Ghetto von Kovno. Berühmt geworden sind die 1946 bei Aufräumarbeiten in Warschau gefundenen Aufzeichnungen des Rabbi Shimon Huberband. Hier ein Beispiel aus dem Ghetto von Kovno. Da heißt es in einer Anfrage: „Wir Juden des Ghettos von Kovno […] wurden versklavt durch die Deutschen; müssen schuften den ganzen Tag und die ganze Nacht ohne Pause; müssen verhungern und erhalten keinen

Lohn. Der deutsche Feind hat unsere totale Vernichtung beschlossen. Wir sind vollständig entbehrlich. Die meisten werden sterben [...]. Ist es da noch angemessen und möglich, das Morgengebet zu sprechen, in dem es heißt, man danke Gott, ‚der mich nicht zum Sklaven machte'?" Die Antwort des Rabbi Oshry lautet: „Einer der frühesten Kommentatoren der Gebete bemerkt, daß dieser Segen nicht gesprochen wird, um Gott zu loben für unsere physische Freiheit, sondern eher für unsere spirituelle Freiheit. Ich entscheide daher, daß wir dieses Gebet unter keinen Umständen unterlassen oder verändern sollten. Im Gegenteil, ungeachtet unserer physischen Gefangenschaft sind wir mehr verpflichtet denn je, dieses Gebet zu sprechen, um unseren Feinden zu zeigen, daß wir als Volk spirituell frei sind."[1]

Ein anderes Beispiel aus Auschwitz: Am Vorabend des jüdischen Neujahrsfestes 1944 entschied der Kommandant, 1600 Jungen im Alter zwischen 14 und 18 Jahren einer Selektion zu unterziehen. Sie sollten unter einer in einer bestimmten Höhe angebrachten Latte hindurchgehen. Wer mit dem Kopf an diese Latte reichte oder gar den Kopf einziehen mußte, sollte am Leben bleiben. Alle anderen Jungen sollten am folgenden Tag vergast werden. Die Zahl der zum Tode Bestimmten wurde genau gezählt, und jüdische Kapos mußten, falls bei der Exekutierung jemand fehlte, Ersatz herbeischaffen. Angesichts dieser Situation ging ein Vater, dessen einziger Sohn bei den zum Tode bestimmten Jungen war, zu Rabbi Meisels und fragte ihn, ob er einen der jüdischen Kapos mit dem Ziel bestechen dürfe, seinen Sohn auszulösen, auch wenn die Gefahr bestehe, daß dann ein anderer jüdischer Junge statt seines Sohnes sterben müsse. Nachdem Rabbi Meisels keine klare Antwort geben konnte oder wollte, sagte dieser Vater: „Rabbi, ich habe getan, wozu die Tora mich verpflichtet. Ich habe halachische Unterweisung durch einen Rabbi gesucht; und einen anderen Rabbi gibt es hier nicht. Wenn du mir nicht sagen kannst, daß ich meinen Sohn auslösen darf, dann ist es offensichtlich, daß du dir selber nicht sicher bist, ob das Gesetz es erlaubt. Denn wenn du sicher wärst, daß es erlaubt ist, du hättest es mir fraglos mitgeteilt. So sind für mich deine Ausflüchte gleichbedeutend mit der klaren Entscheidung, daß es mir verboten ist, so zu handeln. Mein einziger Sohn wird sein Leben verlieren in Übereinstimmung mit der Tora und der Halacha. Ich akzeptiere das Gebot des Allmächtigen in Liebe und mit Freude. Ich werde nichts tun, um ihn auszulösen um den Preis eines anderen unschuldigen Lebens, denn so lautet das Gebot der Tora." Durch Rabbi Meisels wissen wir, daß dieser Vater den ganzen Tag von Rosch HaSchanah umherlief, „still und voller Freude vor sich hinmurmelnd, er habe seinen einzigen Sohn zur Verherrlichung des Namens Gottes (Kiddush haSchem) geopfert, in Übereinstimmung mit dem Willen des Allmächtigen und Seiner Tora" – betend, „Gott möge seine Entscheidung und sein Tun ebenso annehmen wie die Bindung Isaaks durch Abraham, einem zentralen Motiv in der Liturgie von Rosch HaSchanah"[2].

Hier wird nicht darüber nachgedacht, wie Gott die Situation von Auschwitz zulassen kann; nicht einmal darüber, ob die bis zu dem Wort „Freude" gehende Sinnerfahrung des der Tora treuen Vaters nicht in krassem Gegensatz zur Situation des zur Exekution bestimmten Sohnes steht. Es handelt sich hier um die Inkarnation der mit Gottes Gegenwart identischen Tora in die eigene Situation. Diese eher existentielle als argumentative Vermittlung des Gottesglaubens mit dem Leid geht von dem Glauben aus, daß Gott die Zukunft jedes Augenblicks ist, wenn ich ihn durch das Tun der Tora „hineinlasse" in jedwede Situation meiner Geschichte.

Der jüdisch-christliche Dialog der vergangenen Jahrzehnte hat immer wieder erkennen lassen, daß genuin jüdisches Denken die erlösende und befreiende Gemeinschaft mit Gott nicht einfach „von oben" erwartet, sondern an die Erfüllung der Tora bindet. Vor diesem Hintergrund ist das Beten – insbesondere das Bitten – nicht das Hoffen auf ein einseitiges Handeln Gottes am Menschen, sondern Ausdruck des Bundesgedankens, Ausdruck einer „Kooperation" zwischen Gott und Mensch.

Der Jude Jesus hat Angst, so sehr Angst, daß er Blut schwitzt; er ringt mit seinem Gott; er schreit nach ihm; dennoch erwartet er von dem Gott, den er seinen Vater nennt, nicht die Außerkraftsetzung der Naturgesetze, eine wundersame Errrettung oder eine plötzliche Intervention. Am Ende seines Betens steht ein gänzliches Sich-dem-Vater-Überlassen – gekleidet in die Worte: „Deine Tora (Dein Wille) geschehe!"

Nicht selten hat man aus diesem Wort Jesu „Vater, Dein Wille geschehe!" gefolgert, daß der Vater den Tod seines Sohnes wollte. Doch das glatte Gegenteil ist richtig. Der Gott, der unbedingt Liebe ist, will den Kreuzweg seines Sohnes nicht – ganz und gar nicht! Die Wahrheit ist eine andere: Er *kann* diesen Kreuzweg nicht verhindern.

Die jeden Sonntag im Glaubensbekenntnis von neuem bekannte Allmacht des biblischen Gottes („Ich glaube an Gott, den Allmächtigen, den Schöpfer des Himmels und der Erde …") ist nicht die Allmacht eines Potentaten, der tun und lassen kann, was er will. Im Gegenteil: Die Allmacht des biblischen Gottes ist identisch mit der Liebe. Seine Allmacht setzt sich mit keinen anderen Mitteln durch als mit denen der Liebe. Gewiß: Das Wort „Liebe" ist im Laufe seiner Geschichte entsetzlich mißbraucht, verflacht und inflationär entwertet worden. Aber es gibt kein besseres Wort für den biblischen Gott. Die Bibel meint damit die unbedingte Anerkennung des Anderen. Wo die geschieht, da entsteht auf seiten des Anerkannten Freiheit. Deswegen sagen wir im Deutschen, daß ein junger Mann, der sein Mädchen auf echte Weise liebt, seine Braut freit (frei macht).

Die in Jesus offenbare Liebe läßt sich nicht nur anrufen und betreffen; sie läßt sich buchstäblich festnageln von denen, die nicht lieben, sondern hassen.

Das christliche Gottesbild

Christliche Theologen sprechen in diesem Zusammenhang von einer Revolutionierung des griechischen Denkens. Denn für die Griechen ist es undenkbar, daß das Göttliche leidet. Es ist vollkommene Beziehungslosigkeit, weil das Sich-Beziehen auf etwas anderes für die Griechen gleichbedeutend ist mit einem Mangel an Seinsvollkommenheit. Das Göttliche ist im Denken Platons dasjenige, was aus nichts zusammengesetzt ist, das schlechthin Eine und deshalb auch das allen Geschöpfen gegenüber schlechthin Jenseitige. Ganz anders der „Ich-bin-da"-Gott der biblischen Tradition, der Gott, den die christliche Theologie als den trinitarischen beschreibt.

Das christliche Bekenntnis zur Trinität erklärt, *wie* Gott „der Eine" ist: nicht als das Gegenteil von Vielheit, sondern als Beziehung. Der trinitarische Gott *hat* nicht nur Beziehungen; nein, er *ist* Beziehung. Er ist nicht nur nach außen der Sich-Beziehende, der Sich-Bindende; nein, er ist *als er selbst*, was er nach außen mitteilt. Konkret: Er ist nicht „für sich" Allmacht und „nach außen" Liebe, sondern *als* Liebe (Beziehung) Allmacht.

Obwohl alle Analogien und Bilder in Gefahr sind, die Selbstoffenbarung des biblischen Gottes mehr zu verdunkeln als zu erhellen, sei an dieser Stelle wenigstens an einen Versuch erinnert, einem breiteren Publikum zu erklären, wie eine absolute Einheit als Beziehung, als „Bindung an", als

Communio denkbar ist. Ich verweise auf die von Hans Urs von Balthasar übersetzte Trinitätslehre des mittelalterlichen Theologen Richard von St. Victor[3]. Er geht aus von dem Phänomen, daß Liebe immer Beziehung zwischen mindestens zwei Personen ist. Wenn – so folgert er – Gott ist, was er tut, kann seine Liebe kein punktuelles Verhalten oder ein bloßes Attribut sein. Als *vollkommene* Liebe *hat* Gott nicht nur eine Beziehung; nein, er *ist* Beziehung eines *Ich* zu einem *Du*. Also ist er keine monolithische *Einheit*, sondern zumindest eine Zweiheit. Und weil jeder, der liebt, das, was ihm geschenkt wird (die je eigene Freude) mitteilen will, bleibt das „Zwischen" zweier Liebender solange unvollkommen, als es nicht seinerseits Mitteilung wird. Konkreter ausgedrückt: Wie die Liebe zwischen Mann und Frau introvertiert bleibt, wenn sie nicht zumindest den Willen zum Kind impliziert, so ist die Liebe zwischen dem trinitarischen Ich und dem trinitarischen Du, zwischen Vater und Sohn, deshalb vollkommen, weil sie sich nicht selbst genügt, sondern das „Zwischen" des gegenseitigen Gebens und Nehmens mitteilt. Gott *ist* nicht nur Vater und Sohn, sondern auch Heiliger Geist, weil er die Liebe ist, die das „Zwischen" mitteilt.

Die Identität von Allmacht und Liebe

Die an den Anfang gestellte Frage heißt: Was sagt die Heilige Schrift zu der weit verbreiteten Meinung, Gott sei weit weg oder einer, der nicht handeln kann, wenn er darum gebeten wird?

Unsere bisherige Antwort darauf trägt ein doppeltes Gesicht:

Sie lautet auf der einen Seite: Gott ist der „Ich-bin-da"; Gott ist Beziehung; einer der sich bindet, der sich nicht nur scheinbar, sondern wirklich betreffen, anrufen, bitten läßt. Gott ist die Liebe. Gott ist Trinität.

Sie lautet auf der anderen Seite: Gott kann nicht tun, was er will. *Er* wollte das Kreuz seines Sohnes nicht; und Auschwitz ganz sicher auch nicht. Und das heißt zugleich: Er konnte es nicht verhindern. Er konnte den Henkern seines Sohnes und den Henkern von Auschwitz ihre Werkzeuge nicht aus den Händen schlagen. Wohlgemerkt: Er *konnte* es nicht.

Handelt er, wenn ich ihn bitte?

Oberflächlich gesehen muß die Antwort „Nein!" lauten. Er kann ja nicht einmal das Kreuz jenes Sohnes verhindern, von dem wir Christen im Glaubensbekenntnis sagen, seine Beziehung zu Gott sei dieselbe wie die des innertrinitarischen Sohnes zum Vater – natürlich unter den Bedingungen des wahren Menschseins, unter den Bedingungen von Raum und Zeit. Was ist das für eine Liebe, die den Kreuzweg des Jesus von Nazaret absolut nicht will und doch nicht verhindern kann? Was ist das für ein Vater, der sich von seinem Sohn – in Blutschweiß gebadet vor Angst – anbetteln und die Henker dennoch gewähren lassen muß?

Blicken wir noch einmal zurück auf das erwähnte Wort Jesu: „Vater, nicht mein, sondern Dein Wille geschehe!" – Gemeint mit dem Willen des Vaters ist die Tora, die unbedingte Anerkennung des Anderen, die unbedingte Liebe zu denen, die ihre Freiheit pervertiert haben. Am Ende des Ölberg-Gebetes sagt Jesus: Diese Deine Liebe zu den Sündern soll durch mich hineingelangen in diese Welt!

Über die Tora, die das Geheimnis des Bundes (der Liebesgeschichte Gottes mit den Menschen) verkörpert, wird in jüdischen Schriften gesagt: Sie war am Anfang. Sie war bei Gott; durch sie ist alles geworden, was geworden ist. Sie war das Licht, und sie war das Leben der Menschen. Der Johannesprolog, der diese Worte zitiert, überträgt sie auf Jesus Christus. Er nämlich *ist*, was er *tut*, wenn er die Tora befolgt. Jesus Christus ist die Tora (die Beziehung zum Vater bzw. das Sohnsein) in Person. Deshalb darf man sagen: Wer die in Jesus Christus Person gewordene Tora „hineinläßt" in sein

Denken und Reden, Planen und Handeln, Leiden und Sterben, nimmt teil an der Beziehung des Sohnes zum Vater – an jener Beziehung, die auch in der tiefsten Dunkelheit des Gekreuzigtseins (des Nichts-mehr-Verstehens) niemals abgebrochen ist.

Nicht zufällig ist das Kreuzzeichen das Erkennungszeichen der Christen schlechthin. Keineswegs zufällig stellt das Christentum Kreuze nicht nur in Kirchen, sondern auch an Wege und auf Gipfel und Häuser. Würde uns Gott das, was er selbst ist, nicht in Jesus Christus (nicht in dessen Kreuz) mitgeteilt haben, sondern erst am Ende aller Tage sagen, dann dürfte das Erkennungszeichen unseres Glaubens nicht das Kreuz sein. Dann müßten wir eher das V für „Victory" wählen. Dieses V würde dann so viel bedeuten wie: Was Gott eigentlich ist, das hat er uns nicht in Jesus und schon gar nicht in dessen Ohnmacht am Kreuz mitgeteilt; nein, das, was er eigentlich ist – alleskönnende Allmacht statt gekreuzigte Ohnmacht? – sagt er uns erst im Eschaton. Jesus wäre so gesehen nur so etwas wie ein Prophet, der uns einiges über seine Erfahrung mit dem transzendenten Gott überliefert hat. Jesus wäre so gesehen nicht der Christus, nicht die *Selbst*mitteilung Gottes[4].

Wenn Gott *sich selbst* in Jesus Christus ausgesagt hat, dann dürfen wir seine Allmacht nicht jenseits des Kreuzes suchen; dann ist seine Allmacht gerade am Kreuz sichtbar geworden; dann ist diese Allmacht nicht etwas ganz anderes als die gekreuzigte Liebe, sondern mit dieser identisch; dann bedeutet Osterglaube, daß die scheinbar (!) ohnmächtige Liebe des Gekreuzigten stärker ist als die Macht der Mächtigen, als alle Macht des Bösen.

Ostern feiern wir, daß die wehrlose Liebe des trinitarischen Gottes stärker war als der kreuzigende Haß der Henker. Dieses Stärkersein geschah nicht *nach* dem Karfreitag, sondern *am* Karfreitag. Gott zeigt sich nicht *zuerst* als die gekreuzigte Liebe und *dann* als die Allmacht, die mit dem

Victory-Gestus triumphiert. Nein, Gott ist *als* gekreuzigte Liebe allmächtig – so und *nur* so!

Würde die an Ostern besungene Allmacht bedeuten, daß Gott jeden Karfreitag verhindern könnte, wenn er nur wollte, dann würden wir einen Zyniker feiern, der den Kreuzweg seines Sohnes nicht verhindert hat, obwohl er es gekonnt hätte. Nein – auch wenn wir Ostern drei Tage nach dem Karfreitag feiern, läßt sich das Ereignis des Sieges nicht vom Ereignis des Kreuzes trennen. Ostern bedeutet, daß Jesus den Willen bzw. die Tora des Vaters so in seine Angst, in sein Leiden und Sterben „hineinläßt", daß er das ihn scheinbar besiegende Kreuz von innen heraus unterfaßt. Oder anders formuliert: Der physische Tod zerstört Jesus nicht, weil er der Sohn ist, der im Tod in Beziehung bleibt zum Vater (zu dem Leben, das nicht stirbt).

Wer Jesus als den Christus glaubt, der nimmt teil an seiner unzerstörbaren Beziehung zum Vater. Wer die in Jesus Christus Fleisch gewordene, gekreuzigte und auferstandene Tora in sein Fragen und Suchen, Kämpfen und Ringen, Leiden und Sterben „hineinläßt", dem verheißt die Heilige Schrift die Erfahrung einer Macht, die – obwohl sie nichts erzwingen kann (äußerlich „ohnmächtig" ist) – dennoch stärker ist als alle Kreuze und Sinnlosigkeiten.

Beten oder: Das „Hineinlassen" der gekreuzigten Liebe

Fragen wir ruhig: Ist dieser Glaube an den in Jesus Christus angenagelten und am Kreuz das Kreuz besiegenden Gott Ideologie, fromme Illusion oder aber erfahrbare Realität?

Natürlich können Erfahrungen einzelner Menschen nichts beweisen. Aber Beispiele können veranschaulichen, was die Bibel mit dem „Hineinlassen" des gekreuzigten und auferstandenen Logos (Tora) in jede Situation unseres Lebens und Sterbens meint.

Einige der folgenden Beispiele evozieren geradezu den Verdacht, hier rede sich einer ein, daß etwas, was er aus eigener Kraft bewältigt, „verwandelt" oder schlicht überlebt hat, ein Handeln Gottes gewesen sei. Darauf kann ich – auch wenn dies enttäuschend klingen mag – nur antworten, daß der Projektionsverdacht durch kein Glaubenszeugnis zu beseitigen ist. Da hilft auch kein Hinweis auf die Statistik der geistlichen Tradition. Beeindruckend allerdings ist die lange Kette derer, die das Handeln bzw. die Allmacht Gottes nicht jenseits von Jesus Christus, sondern ausgerechnet in der angenagelten Liebe des Gekreuzigten gesucht und also eine Wirklichkeit erlebt haben, die stärker ist als alles, was ein Mensch aus eigener Kraft kann.

Hansjürgen Verweyen hat in vielen seiner Veröffentlichungen[5] Beispiele der Literatur für Situationen gesucht, in denen Menschen inmitten scheinbar auswegloser Sinnlosigkeit zu alles überwindendem Glauben, Hoffen und Lieben befähigt wurden. In Wolfgang Borcherts Erzählung „Die Hundeblume" zum Beispiel wird von einem Gefangenen, dem Sträfling aus „Nummer 432", berichtet, wie er in der grauen Öde seiner von Häßlichkeit und Eintönigkeit, von Enge, Kälte und Einsamkeit pervertierten Existenz durch das Sehen einer einfachen Blume zur Erfahrung von Sinn wider alle Sinnlosigkeit gelangt. Diese Erfahrung ist kein Besitz, sondern ein Geschenk, das glaubend, hoffend und liebend „getan" werden will, dann aber auch stärker ist als der Tod.

Mit ähnlicher Intention verweist Christof Gestrich[6] auf ein von Claude Lanzmann aufgezeichnetes Filminterview mit einem tschechischen Juden, der Auschwitz überlebte, weil ihn eine in den Tod gehende Frau zur Hoffnung wider alle Hoffnungslosigkeit befähigt hat. Filip Müller – so der Name des Überlebenden – erzählt in diesem Interview, wie er – von den Nazis zur Aufsicht und Mithilfe bei der Vernichtung seiner Mithäftlinge gezwungen – eine Gruppe von Landsleuten in den Auskleideraum der Vernichtungsanstalt führen mußte, wie diese dann die tschechische National-hymne angestimmt haben, wie angesichts dieser gegen die Übermacht des Bösen gesungenen Ohnmacht alle Hoffnung in ihm zusammenbrach, wie er sich entschloß, mit seinen Landsleuten in die Gaskammer zu gehen, wie aber auf dem Weg dahin eine Frau aus der Heimat ihn erkannte und an-flehte, um ihret- und ihrer Brüder und Schwestern willen zu überleben, um einmal an sie und alle anderen Opfer zu erin-nern. Das Antlitz dieser Frau war für Filip Müller inmitten einer scheinbar alles erdrückenden Sinnlosigkeit die Erfah-rung eines Geschenkes, das ihn befähigte, stärker zu sein.

Was solche Stärke auch bedeuten kann, mag folgendes Zitat aus dem Brief einer Mutter verdeutlichen, die ihren drogensüchtigen Sohn nicht aufgibt. Da heißt es: „Ich weiß, daß Christus stärker ist als die Sucht und Schwäche meines Kindes. Deshalb finde ich in ihm die Kraft, meinen Sohn nicht aufzugeben, an den neuen Anfang zu glauben, seine zerstörte Persönlichkeit so zu lieben, daß er anfängt, wieder an sich selbst zu glauben."

Oder ein anderes Beispiel: „Als ich", so bekennt eine junge Frau, „nach der Geburt dieses entsetzlich entstellte Gesichtchen sah, da habe ich geschrien; ich wollte das Kind von mir werfen; ich wollte weglaufen. Aber dann fiel mein Blick auf das Kreuz in meinem Krankenzimmer. Dann habe ich mein Kind genommen, es fest an mich gedrückt und sein Gesichtchen geküßt." Und dann schreibt diese Mutter: „Nie wieder bin ich so froh gewesen wie in diesem Augenblick." – Was bedeutet diese Freude anderes, als daß in dieser Frau die Liebe das Kreuz besiegt hat! Das Kreuz der Behinderung ihres Kindes bleibt ihr; aber ihre in tätige Liebe übersetzte Verbindung zu Christus verwandelt Sinnlosigkeit in Sinn.

Oder: Ein junger Mann, den ich selbst zehn Monate lang zweimal wöchentlich in einer Strahlenklinik besucht habe. Ich kannte ihn aus der Jugendarbeit. Er war ein ausgezeich-neter Gruppenleiter, hochbegabt, sportlich, ungeheuer vital. Er hatte gerade sein Abitur mit Auszeichnung bestanden und wollte Physik studieren, als ihn die Diagnose einer unheilbaren Krankheit traf. Er hat dieses Urteil zunächst nicht mit dem „lieben Gott" in Einklang bringen können. Er hat nicht einmal fragen können: „Warum?" Er hat die bloße Tatsache, daß ich Priester bin, bei meinem ersten Besuch in der Klinik nicht ertragen und mich regelrecht aus dem Zimmer gewiesen. Natürlich hatte ich nicht über den Sinn und über Gott gesprochen. Aber auch das Schweigen war unerträglich für ihn. Und es hat Monate gedauert, bis ich ihm – wortlos – ein kleines Kreuz auf den Nachttisch zu legen wagte. In den letzten Tagen – er war bei vollem Bewußtsein – hat er dieses Kreuz nicht mehr losgelassen; und so ist er gestorben. Und ich glaube mich nicht zu täuschen, wenn ich bezeuge, daß er nicht erst nach seinem Tod im sogenannten „Jenseits", sondern durch, mit und in Jesus Christus schon hier und jetzt – *anfanghaft* wenigstens! – die Sinnlosigkeit seiner Krankheit von innen heraus besiegt (in Sinn verwandelt) hat.

Ich erinnere mich an eine Lehrerin. Sie war in derselben Gemeinde tätig, in der ich als Seelsorger arbeitete. Sie unterrichtete in der Abgangsklasse und kannte im Unterschied zu den meisten Kollegen jeden einzelnen ihrer Schüler. Einer dieser Schüler – ich nenne ihn hier Robert – war unter seinen Kameraden besonders beliebt; war kräftiger als die anderen; packte an, wenn es praktisch etwas zu tun gab; aber er tat sich extrem schwer mit allem Theoretischen. Obwohl er sich sehr bemühte, mußte die Lehrerin ihm auch in den letzten beiden Klassenarbeiten bescheinigen, daß seine Leistungen nicht ausreichten. Er hatte schon eine Lehrstelle in einer Baufirma in Aussicht; aber das Abschlußzeugnis war Voraussetzung. Die Lehrerin hat mir erzählt, wie sie die Zeugnisse schrieb, auch das von Robert. Auf ihrem Schreibtisch stand ein Kreuz; sie blickte darauf wohl fünf Minuten lang; dann zerriß sie das schon geschriebene Zeugnis von Robert und füllte ein neues Formular aus. Nach dem Buchstaben des Gesetzes hatte sie sich strafbar gemacht. Aber nicht aus Willkür, sondern aus Liebe zur Wahrheit hat sie ihren Schüler und ihren Beruf, ihre ganz konkrete Situation an den gebunden, der von keinem Gesetz und keinem Dogma umschrieben, sondern allenfalls bezeichnet wird.

Christlicher Glaube ist keine Flucht in eine „höhere Ebene" und erst recht keine vertröstende Verschleierung der Wirklichkeit, sondern der stets anspruchsvolle, oft mit Leid verbundene Versuch des „Hineinlassens" der inkarnierten Liebe in die stets ganz konkrete Wirklichkeit (Mitvollzug der Inkarnation!).

Ein einfacher Arbeiter hat mir erklärt, warum die Szene von der Verklärung Christi auf dem Berge Tabor zur Verkündigung der Fastenzeit gehört. Er hatte wegen eines Rückenleidens seinen Job verloren, kam völlig herunter, wurde dann auch von seiner Frau verlassen und geriet nach einer furchtbaren Odyssee eher zufällig an einen Sozialarbeiter, der sich – aus welchen Gründen auch immer – fast bis zur Selbstaufgabe für ihn engagierte. Heute sammelt er nach erfolgreicher Therapie weggeworfenes Spielzeug, repariert es in seinen vielen freien Stunden und beschenkt damit mehrere Kinderheime. Die Annahme des eigenen Schicksals, die Annahme der eigenen Wirklichkeit, ist für ihn identisch mit dem Glauben an Christus, identisch mit dem Fasten, das die Wunden des Lebens nicht beseitigt, aber doch verklärt.

Solche Verklärung ist viel mehr als autogenes Training. Denn in den erzählten Beispielen wird eine Wirklichkeit erfahren, die ganz unabhängig von dem, was ein einzelner Mensch „bewältigt", alles Seiende in Welt und Geschichte unterfaßt. Das in konkretes Tun übersetzte „Hineinlassen" Jesu Christi (der Fleisch gewordenen Tora) in jede Situation ist etwas ganz anderes als die Betrachtung eines bloßen Vorbildes. Kein Mensch außer Jesus Christus *ist* die Liebe. Aber jeder Mensch kann – bewußt oder unbewußt – so mit Christus kommunizieren[7], daß er zum „Täter" bzw. zur „Täterin" Christi wird.

Beten – gerade ausdauerndes, existentielles Beten – geschieht meistens wortlos. Beten, wenn es still geworden ist, bittet nicht mehr um dies oder das, will den Gott, der absolute Liebe ist, nicht zu etwas „Liebem" veranlassen (wie sollte absolute Liebe nicht immer schon wollen, was „lieb" ist?), sondern Öffnung, Subjekt, Täter dessen sein, der in Christus die unbedingte Anerkennung des Anderen ist.

Jeder Mensch ist in dieser Welt so etwas wie eine Öffnung, durch die der in Christus inkarnierte Gott all das realisieren kann, was seine unbedingte Liebe will. Jeder Mensch ist berufen, auf seine Weise Subjekt der in Christus geschichtlich gewordenen Anerkennung des Anderen zu sein. Aber er ist – um in diesem Bild zu bleiben – eine Öffnung, die beides kann: sich weiten und sich verschließen.

Obwohl der Vergleich einer nichtpersonalen Wirklichkeit (des Wassers) mit einer personalen Wirklichkeit (Jesus Christus) hinkt, möchte ich diesen Vergleich wagen, um ein wenig zu veranschaulichen, was ich mit dem „Hineinlassen" der Fleisch gewordenen, gekreuzigten und auferstandenen Tora in das eigene Leben meine. Die in Christus inkarnierte Liebe des trinitarischen Gottes ist wie das Wasser, das in einen völlig ausgetrockneten Boden eindringen und das überall erstorbene Leben neu ermöglichen will. Der trockene Boden ist unsere Welt. Und jeder Mensch ist in diesem Boden eine Pore, die sich für das Wasser öffnen oder sich ihm verschließen kann. Je mehr Poren sich – quantitativ und qualitativ betrachtet – öffnen, desto mehr kann das Wasser in diesem Boden wirken, was es immer schon wirken will.

Vor dem Hintergrund dieses Bildes bitten wir Gott in all unseren Gebeten nicht, er möge lieb sein; er ist doch schon absolute und also unüberbietbare Liebe. Er will schon immer das tun, was unbedingter Liebe entspricht. Aber er kann nichts erzwingen, weil Liebe die Andersheit des Anderen (die geschöpfliche Freiheit) unbedingt wahrt. Die trinitarische Liebe kann jede Sinnlosigkeit unterfassen, verwandeln, verklären, besiegen. Aber sie kann dies nur, wenn sich – bildlich gesprochen – möglichst viele Poren möglichst weit öffnen.

2. Wann handelt Gott und wann sein Geschöpf?

Vor einigen Jahren hat der französische Philosoph Jean Guitton – Mitglied der Académie française – im Gespräch mit den Astrophysikern Grichka und Igor Bogdanov den Versuch unternommen, die Einheit des Universums von seinen Anfängen bis zur Gegenwart einem breiten Leserkreis so zu erklären, daß einerseits die universale Gültigkeit bestimmter Gesetze, zugleich aber die Unbeantwortbarkeit bestimmter Fragen wie der nach dem Anfang der Zeit, nach dem Warum des Seienden oder nach dem Verhältnis von Geist bzw. Freiheit und Materie deutlich wird[8]. Das in Buchform veröffentlichte „Interview" des französischen Philosophen wurde in Frankreich ein Bestseller, in Deutschland jedoch von der Fachwelt als unzulässige Vermischung naturwissenschaftlicher und philosophischer Perspektiven verworfen. Obwohl manche Formulierungen Guittons auch mir bedenklich scheinen[9], halte ich sein Buch für den insgesamt gelungenen Versuch eines Brückenschlags zwischen Theologie bzw. Philosophie und Naturwissenschaften. Weil auch meine Ausführungen einen breiteren Leserkreis ansprechen sollen, beginne ich mit einem referierenden Blick in Guittons Interview mit Grichka und Igor Bogdanov.

Das Phänomen einer Schöpfung, die sich selbst erschafft

Die Astrophysik bemüht sich seit Jahrzehnten um die Beantwortung der Frage nach dem Entstehen des Universums. Obwohl die „Urknalltheorie" nicht mehr unumstritten ist[10], bleibt sie insgesamt die beherrschende Hypothese. Ihr zentrales Defizit liegt naturwissenschaftlich gesehen in dem Eingeständnis, über den „Urknall" selbst definitiv nichts aussagen zu können. Die „Urknalltheorie" geht zurück bis zu dem kleinsten mathematisch ausdrückbaren Zeitpunkt: 10 hoch minus 43 Sekunden *nach* dem Urknall. In diesem phantastisch jungen Alter ist das gesamte Universum und alles, was es später enthalten wird – die Galaxien, die Planeten, die Erde – in einer unvorstellbar kleinen Sphäre enthalten: 10 hoch minus 33 m, d. h. Milliarden mal Milliarden mal Milliarden kleiner als ein Atomkern; denn der Durchmesser eines Atomkerns beträgt nur 10 hoch minus 13 m.

Frage: Wie läßt sich denken, daß alles, was wir als „Materie" bezeichnen, zusammengedrängt gewesen sein soll in einer unvorstellbar kleinen Einheit? – Antwort der Physik: Zwischen den kleinsten Bestandteilen eines Atoms herrschen – im Maßstab gesehen – ebenso faszinierende Abstände wie im Weltall zwischen den einzelnen Sonnen und Sternen einer Galaxie. Wenn ich das Proton[11] eines Wasserstoffkerns bis auf die Größe eines Stecknadelkopfs bringen würde, dann beschreibt das um ihn kreisende Elektron[12] eine Bahn, die durch Holland, Deutschland und Spanien verläuft. Oder: Nehmen wir einmal an, daß ich alle Atome eines Salzkorns zählen möchte. Und nehmen wir außerdem an, ich wäre so schnell, daß ich pro Sekunde eine Milliarde von ihnen zählen könnte. Trotz dieser jeden Computer überfordernden Leistung würde ich mehr als 500 Jahre brauchen, um die Atompopulation eines einzigen Salzkorns zu zählen. Besäße jedes Atom dieses Salzkorns Stecknadelkopfgröße, dann könnte ich mit den Atomen eines einzigen Salzkorns ganz Europa mit einer zwanzig Zentimeter dicken Salzschicht bedecken. Daß das, was wir die Materie des Universums nennen, fast gänzlich aus „Leere" besteht, erklärt Igor Bogdanov an Hand des folgenden Beispiels: Stellen wir uns einen Schlüssel vor, den wir vergrößern können, „bis er die Größe der Erde erreicht hat. In diesem Maßstab wären die Atome, die den Riesenschlüssel bilden, kaum so groß wie

Kirschen. Aber da ist etwas noch Überraschenderes. Nehmen wir an, wir nähmen eines dieser kirschgroßen Atome in die Hand. Wir könnten es noch so genau untersuchen, sogar mit Hilfe eines Mikroskops, es wäre uns absolut unmöglich, den Kern zu beobachten, da er in diesem Maßstab viel zu klein ist. Um etwas zu sehen, müssen wir erneut den Maßstab ändern. Die Kirsche, die unser Atom darstellt, wächst also erneut und wird eine enorme, zweihundert Meter hohe Kugel. Trotz dieses beeindruckenden Umfangs ist der Kern unseres Atoms nicht größer als ein winziges Staubkorn. Genau das ist die Leere des Atoms" (83).

Die Dichte und die Hitze des Universums, in dem ursprünglich alle Materie des Weltalls komprimiert war, erreichten Größenordnungen, die sich der menschliche Geist nicht vorzustellen vermag – eine wahnsinnige Temperatur von 10 hoch 32 Grad. Bei dieser Temperatur ist die Energie des entstehenden Universums monströs. Die Materie – sofern dieses Wort zu diesem Zeitpunkt überhaupt einen Sinn hat – besteht aus Urteilchen[13], fernen Verwandten der Quarks; aus Teilchen, die in einem Universum, das milliardenmal kleiner ist als ein Stecknadelkopf, beständig aufeinander einwirken.

Nach dem ersten Augenblick der Schöpfung genügten wenige Milliardstel Sekunden, damit das Universum in eine außergewöhnliche Phase eintrat, welche die Physiker „die inflationäre Ära" nennen. In dieser unerhört kurzen Zeitspanne, die 10 hoch minus 35 bis 10 hoch minus 32 Sekunden beträgt, schwillt das Universum um den Faktor 10 hoch 50 an. Sein Durchmesser dehnt sich bis zur Größe eines Apfels von 10 cm Durchmesser aus. Diese schwindelerregende Ausdehnung in einem „Zeitraum", der nicht einmal die Dauer eines Blitzes umfaßt, ist sehr viel gewaltiger als die darauffolgende Ausdehnung innerhalb eines Zeitraumes von 15 Milliarden Jahren. Von der inflationären Ära zur Ära unserer Tage nimmt das Volumen des Universums nur noch um einen relativ geringen Faktor zu, 10 hoch 9, d. h. um das knapp Milliardenfache. Denn der Abstand zwischen einem der kleinsten Elementarteilchen und einem Apfel ist proportional gesehen sehr viel größer als der Abstand, der die Größe eines Apfels vom Rand des heute beobachtbaren Universums trennt.

Versetzen wir uns in die Zeit, in der das Universum etwa die Größe eines Apfels hat: Die kosmische Uhr zeigt 10 hoch minus 32 Sekunden nach dem „Urknall" an. Die „inflationäre Ära" ist zu Ende gegangen. In diesem Augenblick existiert erst ein einziges Teilchen, dem die Astrophysiker den poetischen Namen X-Teilchen gegeben haben. Es ist das Urteilchen, dasjenige, das allen anderen vorausgegangen ist. Seine Rolle besteht lediglich darin, Kräfte zu transportieren. Hätte jemand das Universum in diesem Moment beobachten können, so hätte er festgestellt, daß dieser uranfängliche Apfel vollkommen homogen ist. Er ist lediglich ein Kraftfeld, das noch nicht das winzigste Teilchen dessen enthält, was man als „Materie" bezeichnen kann. Aber dann entstehen aus den X-Teilchen die allerersten Materieteilchen, die Quarks, die Elektronen, die Photonen, die Neutrinos samt ihren Anti-Teilchen. Zu diesem Zeitpunkt hat das Universum die Größe eines Ballons. Man nimmt an, daß die in jener Epoche existierenden Teilchen Dichteschwankungen aufgewiesen haben, und daß diese Dichteschwankungen den heute im Kosmos feststellbaren Dichteschwankungen entsprechen. Anders gesagt, die Galaxien sind Materieverdichtungen, die den Dichteschwankungen in jenem kleinen ballongroßen Universum einige Milliardstel Sekunden nach dem „Urknall" entsprechen.

Das Universum fährt fort, sich auszudehnen und abzukühlen. Ungefähr 200 Sekunden nach dem schlechthin unerklärlichen „Anfangsmoment" fügen sich die Elementarteilchen zusammen und bilden die Isotopen der Wasserstoff- und Heliumkerne. Die Geschichte des Universums zählt zu diesem Zeitpunkt etwa drei Minuten. Von da an entwickeln sich die Dinge sehr viel langsamer. Millionen Jahre lang ist das gesamte Universum in Strahlungen und wirbelndes Gasplasma eingebettet. Erst nach etwa 100 Millionen Jahren bilden sich die ersten Sterne in ungeheuren Gaswirbeln. In ihrem Innern verschmelzen die Wasserstoff- und Heliumatome und bringen die schwereren Elemente hervor.

Der englische Astrophysiker Brandon Carter folgert aus der Beobachtung, daß die Entwicklung des Universums von ganz bestimmten Konstanten bzw. Gesetzen bestimmt wird, das „anthropische Prinzip". Mit diesem Begriff drückt er aus, daß das Universum ganz genau die Eigenschaften hat, die erforderlich sind, um ein bewußtseinsfähiges Wesen hervorzubringen. Wenn wir z. B. die Intensität der Kernkraft, die für den Zusammenhalt des Atomkerns sorgt, um knapp 1% erhöhen würden, nähmen wir den Wasserstoffkernen jede Möglichkeit, frei zu bleiben. Sie würden sich mit anderen Protonen und Neutronen verbinden und schwere Kerne bilden. Und so könnte sich der Wasserstoff, da er nicht mehr existierte, nicht mehr mit den Sauerstoffatomen verbinden, um das für die Entstehung des Lebens unerläßliche Wasser zu erzeugen. Wenn wir dagegen dieselbe Kernkraft leicht verringern würden, wäre die Verschmelzung der Wasserstoffkerne unmöglich. Ohne Kernverschmelzung keine Sonnen, keine Energiequellen, kein Leben. Und was für die Kernkraft gilt, gilt natürlich auch für andere Parameter wie die elektromagnetische Kraft. Wenn wir sie nur geringfügig erhöhten, würden wir die Verbindung zwischen Elektron und Kern verstärken, und damit wären die chemischen Reaktionen, die aus dem Übergang der Elektronen zu anderen Kernen resultieren, nicht mehr möglich. Viele Elemente könnten sich nicht bilden, und in einem solchen Universum hätten die DNS-Moleküle[14] keine Chance gehabt, jemals aufzutauchen.

Oder betrachten wir eine andere Konstante, die Schwerkraft: Wäre sie bei ihrer Entstehung auch nur ein klein wenig schwächer gewesen, dann hätten die ursprünglichen Wasserstoffwolken sich niemals verdichten können, um die kritische Schwelle der Kernverschmelzung zu erreichen. Die Sterne hätten sich nie entzündet. Im entgegengesetzten Fall wären wir kaum besser dran. Eine stärkere Schwerkraft hätte zu einem wahren Durchdrehen der Kernenergie geführt; die Sterne wären wie wild in Brand geraten und so schnell verglüht, daß das Leben keine Zeit gehabt hätte, sich zu entwickeln.

Igor Bogdanov bemerkt zusammenfassend dazu: Welche der kosmologischen Konstanten bzw. Parameter „man auch betrachtet, die Schlußfolgerung ist immer dieselbe: Wenn man ihren Wert auch nur um ein weniges verändert, beseitigt man jede Möglichkeit der Entfaltung des Lebens. Die Grundkonstanten der Natur sowie die Anfangsbedingungen, die das Entstehen des Lebens erlaubten, scheinen also mit schwindelerregender Präzision reguliert zu sein. […] Um die unvorstellbare Genauigkeit zu veranschaulichen, mit der das Universum reguliert worden zu sein scheint, braucht man sich nur vorzustellen, welche Leistungen ein Golfspieler zu erbringen hätte, dem es gelingen müßte, von der Erde aus seinen Ball in ein Loch irgendwo auf dem Planeten Mars zu plazieren. […] Es ist richtig, daß die Wahrscheinlichkeitsrechnung für ein geordnetes, minutiös geregeltes Universum spricht, dessen Existenz nicht dem Zufall zu verdanken sein kann. Zwar haben uns die Mathematiker noch nicht die ganze Geschichte des Zufalls erzählt: Sie wissen nicht einmal, was das ist. Aber sie haben mit Hilfe von Rechnern, die Zufallszahlen erzeugen, bestimmte Experimente durchführen können. Anhand einer von den numerischen Lösungen algebraischer Gleichungen abgeleiteten Regel hat man Zufall produzierende Maschinen programmiert. Hier weisen die Wahrscheinlichkeitsgesetze darauf hin, daß diese Rechner Milliarden mal Milliarden mal Milliarden Jahre, das heißt eine nahezu unendlich lange Zeit rechnen müßten, bevor eine Kombination von Zahlen vergleichbar denen auftauchen kann, die die Entstehung des Universums und des Lebens ermöglicht haben. Anders gesagt, die mathematische Wahrscheinlichkeit, daß das Universum durch Zufall hervorgebracht wurde, ist praktisch gleich Null" (73f).

Doch die Feststellung, daß das Universum von bestimmten Konstanten gelenkt wird und nur unter der Voraussetzung einer mathematisch gesehen ganz unwahrscheinlichen Konvergenz aller Konstanten Leben hervorbringt, bedeutet nicht, daß die skizzierte Entwicklung vom Urknall bis heute nur die Entfaltung eines vorgegebenen Programms ist. Das mechanistische Weltbild der Newtonschen Physik hat sich mit dem immer tieferen Eindringen der Physiker in den Mikrokosmos als unhaltbar erwiesen. Die Wirklichkeit besteht nicht aus Teilchen, die man raum-zeitlich definieren kann, sondern die Quanten sind nur die materiellen Manifestationen von *miteinander kommunizierenden* „Feldern". Igor Bogdanov drückt diesen Sachverhalt so aus: In der Perspektive der relativistischen Quantenfeldtheorie „existiert ein Teilchen nicht *durch sich selbst*, sondern einzig mittels der *Wirkungen*, die es hervorbringt. Dieses Ensemble von Wirkungen nennt man ein ‚Feld'. So sind die Gegenstände, die uns umgeben, nichts anderes als Ensembles von Feldern (elektromagnetisches Feld, Gravitationsfeld, Protonenfeld, Elektronenfeld); [...]. Das bedeutet, daß der ‚Grund' der Materie unauffindbar ist, zumindest in Form eines *Dings*, einer letzten Realitätsparzelle" (96f)[15]. Jean Guitton folgert aus diesem Befund der Physik: „Wir wissen heute, daß die Elementarteilchen keinerlei Existenz im strengen Sinne haben, daß sie lediglich die provisorischen Manifestationen immaterieller Felder sind" (103). Edward Fredkin nennt diese Felder „Informationsschemata", und Grichka Bogdanov bezeichnet den Grund alles Seienden als „eine ungeheure Informationsmatrix" (104).

Auf der Ebene der X-Teilchen bzw. Quarks sind ein Stein und ein Schmetterling identisch. Was beide Wirklichkeiten unterscheidet, ist der Grad der „Kommunikation" der kleinsten Teilchen und damit die Komplexität der höheren Ebenen (Atome, Moleküle, Makromoleküle). Der Bauplan der Desoxyribonukleinsäure (DNS) ist ein geradezu atemberaubend komplexes Gebilde. Eine lebende Zelle besteht aus etwa zwanzig Aminosäuren, die eine enge Kette bilden. Die Funktion dieser Aminosäuren hängt ihrerseits von ungefähr zweitausend spezifischen Enzymen ab. Danach haben Mathematiker berechnet, daß die Wahrscheinlichkeit, daß sich so viele Enzyme auf geordnete Weise einander annähern und im Verlauf einer Evolution von mehreren Milliarden von Jahren eine lebendige Zelle bilden, von der Größenordnung 10 hoch 1000 zu 1 ist. Das brachte Francis Crick, den Entdecker der Desoxyribonukleinsäure, zu der Feststellung: „Ein aufrichtiger Mensch, der all das uns heute zugängliche Wissen besitzt, müßte einräumen, daß der Ursprung des Lebens derzeit einem Wunder gleichzukommen scheint, so viele Bedingungen müssen erfüllt werden, um es in Gang zu setzen" (58). Vor diesem Hintergrund stellt Jean Guitton die Frage: „*Wer* hat die Pläne des ersten DNS-Moleküls erarbeitet, des Trägers der uranfänglichen Nachricht, die es der ersten lebenden Zelle erlaubte, sich zu reproduzieren" (51)?

Die Physiker sprechen heute fast ausnahmslos von einem kontinuierlichen Übergang von der nicht bewußten zur bewußten Intelligenz, auch von der nicht bewußten zur bewußten Freiheit. Besonders Ilya Prigogine hat das Phänomen der Selbststrukturierung der Materie systematisch untersucht. Er spricht von einem ständigen Kampf der Ordnung gegen die Unordnung. Entweder, so konstatiert er, zerstört die Unordnung eine bis dahin vorhandene Ordnung. Oder die Ordnung besiegt die Unordnung durch eine komplexere (qualitativ höher stehende) Ordnung. Niemals ist eine Ordnung ganz stabil; immer gibt es Fliehkräfte bzw. „dissipative Strukturen", welche die ordnenden Kräfte herausfordern. Ein ganz einfaches Beispiel liegt in der Beobachtung, daß Wasser, wenn es erhitzt wird, gegen die Auflösung des Zusammenhangs der Moleküle komplexere Strukturen bzw. eine qualitativ höhere Ordnung (sechseckige Zellen) entwickelt. Paläontologen haben übereinstimmend beschrieben, wie sich die Zellorganisationen im Laufe von Jahrmillionen ständig verwandelt und immer komplexere Strukturen gebildet haben. Dazu bemerkt Grichka Bogdanov: „Es gibt so etwas wie ein kontinuierliches Grundgewebe, das das Unbelebte, das Präbiologische und das Lebendige miteinander verbindet, wobei die Materie ihrer Konstruktion nach dahin tendiert, sich zu strukturieren, um lebendige Materie zu werden. Eine solche Strukturierung erfolgt auf molekularer Ebene, nach Gesetzen, die noch weitgehend rätselhaft sind. Man stellt nämlich das seltsam intelligente Verhalten bestimmter Moleküle und Molekülaggregate fest, ohne jedoch diese Phänomene erklären zu können" (56). Prigogine, den die Allgegenwart dieser dem scheinbaren Chaos der Materie zugrundeliegenden Ordnung sehr verwirrte, sagte einmal: „Erstaunlich ist, daß jedes Molekül weiß, was die anderen Moleküle zur selben Zeit und über makroskopische Entfernungen hinweg tun werden. Unsere Experimente zeigen, wie die Moleküle miteinander kommunizieren. Jeder akzeptiert diese Eigenschaft bei lebendigen Systemen, aber daß auch nichtbelebte Systeme sie aufweisen, ist zumindest unerwartet" (56f).

Unser „Exkurs" in die Welt der Physik und Astrophysik ist bestimmt von einer doppelten Beobachtung:

Auf der einen Seite scheint die Entwicklung des Universums genau „programmiert" zu sein. Vielleicht darf man dieses Programm sogar als „anthropisches Prinzip" bezeichnen und annehmen, daß das gesamte Universum geschaffen wurde, um auf einem winzigen Planeten eines bestimmten Sonnensystems einer bestimmten Galaxie den Menschen hervorzubringen.

Andererseits stellt sich die Frage: Wenn dem Universum eine alles begründende und ordnende Intelligenz zugrundeliegt, warum dann der Aufwand dieses nach menschlichen Maßstäben geradezu ungeheuren Prozesses von fünfzehn

Milliarden Jahren? Wenn jene alles begründende Intelligenz „Gott" genannt werden darf, warum hat Gott diese Erde und auf ihr den Menschen nicht unmittelbar geschaffen? Warum die Vermittlung des Menschen durch einen Milliarden Jahre umfassenden Prozeß? Warum der Aufwand des für den Menschen unermeßlichen Universums zur Hervorbringung der – relativ gesehen – winzigen Erde, die – aus der Perspektive mathematisch meßbarer Wahrscheinlichkeit[16] – der einzige Fleck des Weltalls sein dürfte, auf dem tatsächlich Leben entstanden ist?

Das Phänomen geschöpflicher Freiheit

Die neuere Physik ist sich einig: Das, was wir gemeinhin „wirklich" nennen, besteht nicht aus räumlich und zeitlich definierbaren Elementen. Die Wechselwirkungen zwischen den kleinsten Elementen folgen zwar bestimmten Informationen, sind aber im einzelnen nicht vorhersehbar (definierbar). Deshalb drängt sich dem Theologen die Frage auf: Liegt nicht in allem Wirklichen ein „Vorentwurf" jener Freiheit, die wir dem Menschen zusprechen?

Was oben als „anthropisches Prinzip" beschrieben wurde, findet sich der Sache nach schon in Gen 1,26: Die Schöpfung ist Medium des Bundes zwischen dem Schöpfer und jenem Geschöpf, das ihm *antworten* kann. Oder anders ausgedrückt: Der Schöpfer will die Schöpfung als Antwort auf sein Wort. Die Schöpfung trägt die Signatur des Bundes, weil der Schöpfer sie zum Medium seines Wortes und zum Medium der Antwort des Menschen bestimmt.

Gerhard von Rad hat die Geschichte Israels als einen Weg der immer tieferen und umfassenderen Erfahrung des Bundes-Gottes beschrieben:

(1) Zunächst ist Jahwe der Nationalgott Israels, der sein Volk nach innen beschützt und nach außen verteidigt. Er verbietet seinem Volk die Anbetung anderer Götter. Aber

dieses Verbot ist nicht identisch mit einem expliziten Monotheismus. Gemeint ist zunächst nur, daß Israel sein Verhältnis zu Jahwe als ein Ausschließlichkeitsverhältnis betrachten soll; deshalb ist immer wieder von der Eifersucht des Bundes-Gottes die Rede[17]. Erst ganz allmählich wächst Israel in die Vorstellung hinein, daß Jahwe mächtiger ist als alle anderen Götter, ja daß diese anderen Götter nur Götzen sind.

(2) Dann entdeckt Israel seinen Gott auch inmitten der Unheilserfahrung als den Bundes-Gott. Dies geschieht vor allem in der Zeit des „babylonischen Exils". Israel wird verschleppt, der Tempel Jahwes wird zerstört. Jahwe hat die Stätte seiner Anbetung und seiner Anbeter verloren. Eigentlich müßte Israel sich von seinem Gott abwenden, der sich als so ohnmächtig erwiesen hat. Aber gerade in dieser Zeit äußerster Schwäche und Demütigung erkennt Israel, daß sein Gott kein eifersüchtiger Nationalgott, sondern der Herr aller Völker und der Schöpfer des Himmels und der Erde ist. Jahwe hat Abraham das gelobte Land zugewiesen – lange vor dem Exodus Israels aus Ägypten. Und Jahwe hat die Ägypter ins Rote Meer stürzen lassen, um Israel zu befreien. Und Jahwe hat die Assyrer benutzt, um das untreue Israel in der babylonischen Gefangenschaft zur Besinnung zu bringen. Jahwe muß also der Herr aller Völker und deshalb auch der Schöpfer alles Seienden sein. Der Redakteur der beiden in Gen 1–2 enthaltenen „Schöpfungsberichte" hat die Erfahrungen des babylonischen Exils hinter sich.

(3) Nach dem babylonischen Exil rückt die Tora als Inbegriff des Bundes so beherrschend in das Bewußtsein Israels, daß fürderhin klar ist: Der Sinn aller Schöpfung und Geschichte liegt nicht in der politischen Macht Israels, auch nicht in der kultischen Verehrung des einen Gottes, sondern in der Realisierung des von Jahwe gestifteten Bundes. Im babylonischen Exil wächst in Israel die Erkenntnis, daß die Schöpfung ebenso wie die Geschichte Ausdruck eines Bundes-Willens (Ausdruck der Tora) ist. Und nach der Rückkehr aus dem Exil erkennt Israel, daß es nicht um seiner

39

selbst willen aus allen Völkern ausgesondert wurde, sondern *für* die anderen Völker; und daß seine *Pro*-existenz (spezifische Sendung) in der Realisierung des göttlichen Bundes-Willens (der Tora) liegt.

Wenn nicht erst der Mensch, sondern die Schöpfung in ihrer Gesamtheit Ausdruck eines Bundes-Willens ist, deutet sich eine erste Antwort auf die oben gestellte Frage an: „Warum hat Gott die Erde und auf ihr den Menschen nicht unmittelbar geschaffen? Warum die Vermittlung des Menschen durch einen fünfzehn Milliarden Jahre umfassenden Prozeß?"

Weil der Gott, der in sich selbst Beziehung (Trinität) ist, auch „nach außen" Beziehung bzw. Kommunikation ist, kann es kein Geschöpf dieses Gottes geben, das sein bloßes Objekt wäre. Im Vergleich zur sich selbst bewußten Freiheit (Personalität) des Menschen ist die „Freiheit" bzw. das „Eigensein" oder die „Kommunikationsfähigkeit" eines Elementarteilchens gering. Aber ohne die „relative Freiheit" der Elementarteilchen ist auch der Mensch nicht Mensch. Im Gegenteil: Der Mensch faltet den Prozeß[18] einer immer komplexeren Kommunikation und „Frei-Werdung" der Geschöpfe in sich ein. Oder anders ausgedrückt: Die Beobachtung, daß die Schöpfung sich selbst entfaltet bzw. transzendiert, drückt auf der naturwissenschaftlichen Ebene aus, was die theologische Reflexion Israels „Bund" nennt.

Im Werk von Pierre Teilhard de Chardin entspricht der expandierenden Kraft des Universums ins unendlich Große eine komplektierende (entropische) Kraft „nach innen". Mit fortschreitender Komplexität konvergieren die „Materieteilchen" zur Bildung „kom-plizierter" Formen bis empor zum Leben: zu Zellen, zu Organismen, zu höheren Primaten, zum Menschen. Sobald der Mensch sich selbst zum Gegenstand seines Denkens machen kann, schlägt die „Biosphäre" (die Ebene des Lebens) in die „Noosphäre" (in die Ebene des Geistes) um. Im Menschen nimmt die Evolution eine Wendung nach innen, was nicht allein bedeutet, daß sie bewußter wird, sondern auch, daß sie eben dadurch „moralisch wird" und „sich mit Freiheit lädt". Das bedeutet natürlich nicht, daß die Menschen durch einen zwingenden Antrieb das Gute tun, sondern daß das Gute sich ihnen als eine moralische Forderung vorstellt. Mit dem Menschen ist die Evolution des Lebens auf die Stufe der *reflektierten* Freiheit gelangt. Nachdem Teilhard de Chardin dargelegt hat, daß die aktive Phase der Evolution mit dem Auftreten des zoologischen Typus Mensch nicht abgeschlossen ist, fügt er hinzu, daß im Menschen ein neuer Faktor wirksam wird als „notwendige Vorbedingung für die Erhaltung und Entfaltung seiner Kräfte der Erfindung, des Ordnens und der Finalität". Dieser neue Faktor ist das „Ethische", dessen Regeln sogar immer anspruchsvoller werden müssen.

Die bewußte bzw. reflektierte Freiheit des Menschen (die Freiheit auf der Ebene der „Noosphäre") unterscheidet sich von der unbewußten bzw. unreflexen Freiheit der vorausliegenden Sphären des kosmischen Prozesses dadurch, daß sie weiß, was sie soll; dadurch, daß sie *wollen* kann, was sie *soll*.

Der Gott, der sich an seine Schöpfung bindet

Obwohl Auschwitz für das Selbstverständnis des Christentums eine bis dahin ungeahnte Herausforderung darstellt; und obgleich Auschwitz ein in seinen Ausmaßen, Methoden und Motiven singuläres Verbrechen bezeichnet, stellt sich nicht erst seit 1945 die Frage, ob Gott die beste aller möglichen Welten geschaffen hat. Man muß nicht an ein Erdbeben erinnern, sondern nur auf einen einzigen körperlich oder geistig behinderten Menschen blicken, um zu fragen, ob Gott nicht hätte verhindern können, daß die der Schöpfung geschenkte Freiheit auf der vorbewußten Ebene so verunglücken kann. Und man muß nicht Auschwitz bzw. Hitler und Eichmann bemühen, sondern nur ein einziges Opfer einer Vergewaltigung oder Kindesentführung, eines Mordes oder einer Verleumdung betrachten, um sich vor die Frage gestellt zu sehen, ob Gott nicht hätte verhindern können, daß ein Mensch die ihm geschenkte Freiheit auf solche Weise pervertiert.

Ohne das persönliche Erleben in irgendeiner Weise verallgemeinern oder Erzählungen an die Stelle theologischer Argumente setzen zu wollen, möchte ich an dieser Stelle an einem Beispiel veranschaulichen, was ich konkret meine, wenn ich von dem Gott spreche, der sich an die der Schöpfung geschenkte Freiheit gebunden hat, ohne deshalb machtlos geworden zu sein.

Im vergangenen Jahr ist mein Zwillingsbruder nach einem furchtbaren Weg von Operation zu Operation, von Chemotherapie und Bestrahlung zu fortschreitender Lähmung und monatelangem Liegen bei vollem Bewußtsein gestorben. Ich habe diesen Weg bis in die letzte Stunde hinein begleitet. Wenige Wochen nach seiner Hochzeit hatte er erfahren, daß er krank war. Ohne hier im Detail erläutern zu können, was diese seltene Krankheit ist, kann man doch sagen: Sie beruht auf einer Fehlinformation des Zellkerns. Man könnte auch sagen: Das Kommunikationssystem der vorbewußten Ebene ist an einem Punkt gestört. Oder noch pointierter: Die der Schöpfung geschenkte „Freiheit" ist an einem Punkt verunglückt.

Mein Zwillingsbruder war Naturwissenschaftler und an theologischen Reflexionen nur mäßig interessiert. Aber er hat seinen Glauben praktiziert. Er hat regelmäßig gebetet; und er hat mir während der langen Monate seiner Krankheit zum Tode wörtlich gesagt: „Ich bete nicht, Gott möge mich gesund machen – schon lange nicht mehr; aber ich halte mich ihm hin." Er war überzeugt: Gott kann die Schöpfung nicht davor bewahren, daß es fehlinformierte Zellen, Erdbeben oder Flutkatastrophen gibt. Er kann das Verunglücken der vorbewußten Freiheit seiner Schöpfung ebenso wenig verhindern wie die Pervertierung der bewußten Freiheit. Wenn er hier oder da (punktuell) die Folgen verunglückter oder pervertierter Freiheit verhindern bzw. korrigieren könnte, wäre er ein Zyniker, weil er ganz offensichtlich nicht grundsätzlich und immer vermeidet, was böse ist. Mein Bruder war überzeugt: Gott kann das Eigensein seiner Schöpfung nicht außer Kraft setzen. Er kann die Folgen „verunglückter Freiheit" nicht einfach beseitigen. Da war er ganz sicher; und dennoch hat er bis zuletzt gebetet. Und – was noch bemerkenswerter ist – er war gewiß, gehört und erhört zu werden.

Nun sollte man daraus nicht den falschen Schluß ziehen, es gebe gar keine Heilung durch das Gebet; oder – noch schlimmer – das Gebet sei nur so etwas wie ein autogenes Mittel der Kontingenzbewältigung. Nein, es gibt Heilungen, sogar plötzliche und medizinisch gesehen ganz unwahrscheinliche Heilungen. Aber diese Heilungen sind keine Außerkraftsetzung des Eigenseins (der Freiheit) der Schöpfung. Gerade wenn man die geschöpfliche Natur als ein Kommunikations- bzw. Informationssystem verstehen lernt, ist es möglich, daß ein Kranker auf Grund seiner betenden Kommunikation mit Gott z. B. die Fehlinformationen seiner Zellen korrigiert (den Krebs besiegt). Wenn man will, kann man das ein Wunder nennen. Aber man kann den Begriff „Wunder" auch auf den Fall anwenden, daß ein Kranker auf Grund seiner betenden Kommunikation mit Gott bzw. Christus befähigt wird, den eigenen Leidensweg als Zeugnis der Hoffnung zu leben.

Wer behauptet, ein Wunder sei dadurch definiert, daß die Naturgesetze durchbrochen werden, geht einem Weltbild auf den Leim, das dem biblischen Schöpfungsgedanken diametral widerspricht. Denn wenn Gott nur dann in der Welt da ist, wenn er die Naturgesetze durchbricht, dann ist die Welt offenbar ein geschlossener Kausalzusammenhang, der für Gott nur dann Platz läßt, wenn der sich in diesen Kausalzusammenhang hineindrängt.

Nicht selten begegnet man der Frage: Warum sollte der Gott, der die ganze Welt aus nichts erschaffen konnte, nicht auch beliebig jedes einzelne Seiende innerhalb der Welt ohne Mitwirken von Zweitursachen hervorbringen können? Warum sollte er den Krebs meines Bruders oder das Erdbeben von Istanbul nicht verhindern können?

In dieser Frage wird vorausgesetzt, daß die Schöpfung der *ganzen* Welt und die Schöpfung eines *einzelnen* Seienden innerhalb der Welt in jeder Hinsicht als der gleiche Fall betrachtet werden können. Das jedoch ist eine Auffassung, die kritischer Prüfung nicht standhält. Denn das einzelne Geschöpf, das einzelne Ding, das einzelne Lebewesen, der einzelne Mensch hängen auf andere Weise von Gott ab als die Welt in ihrer Gesamtheit. Die Schöpfung in ihrer Gesamtheit hängt *nur* von Gott ab; aber das einzelne Geschöpf innerhalb des Universums hängt *zugleich* von unzähligen Zweitursachen ab. Die Elementarteilchen, die meinen Körper bilden, sind nicht in der gegenwärtigen Zusammensetzung, wohl aber an sich betrachtet fünfzehn Milliarden Jahre alt. Vorausgesetzt, daß die Hypothese vom „Urknall" zutrifft, waren die Elementarteilchen, die heute irgendeine Pflanze, irgendeinen Menschen oder Gegenstand bilden, bereits in jenem apfelgroßen Universum, das fast unmittelbar nach dem „Urknall" entstand. Alles, was wir in dieser Welt „real" bzw. „wirklich" nennen, ist nicht nur von Gott, sondern auch von einer ungeheuer langen Kette geschöpflicher Ursachen abhängig. Ich wäre gar kein Mensch *in* dieser Welt, wenn ich nicht die ganze Entwicklung vom „Urknall" bis zu meinen Eltern in meine Wirklichkeit einfalten würde. Natürlich könnte man sich theoretisch vorstellen, daß der allmächtige Schöpfer einen Menschen unmittelbar in diese Welt hineinschafft, ohne ihn durch die Entwicklung des Universums seit dem „Urknall" vermitteln zu lassen. Aber dann gibt es nur folgende Alternative: *Entweder* er schafft diesen Menschen so, daß er ein Mensch in diesem schon fünfzehn Milliarden Jahre alten Universum ist; dann muß er eine fünfzehn Milliarden Jahre während Kausalkette ersetzen; und niemand könnte erkennen, ob das

Ergebnis allein von ihm oder zugleich auch von geschöpflichen Ursachen bewirkt ist. *Oder* er erschafft einen Menschen, der nicht durch die besagte Kausalkette vermittelt ist; dann wäre dieser Mensch kein Mensch in dieser Welt, sondern eine zweite Welt (in gewisser Weise eine eigene Schöpfung).

Der Gott, der sich an den Menschen bindet

Sofern Gott von der theologischen Tradition zutreffend als Beziehung dreier Personen, als Anerkennung des Anderen als des anderen, als Selbstmitteilung und also als Liebe beschrieben wird, kann sein Handeln letztlich nur durch eine einzige Intention charakterisiert sein: nämlich zur Freiheit befreien zu wollen. Denn wirkliche Liebe intendiert stets die Andersheit, das Eigensein, die „Selbst-Verantwortung", kurzum: die Freiheit des Anderen.

Wenn die Schöpfung in den Jahrmilliarden ihrer Evolution immer neue Qualitäten höherer Selbständigkeit („Vorentwürfe" personaler Freiheit) hervorbringt, und wenn sich diese höheren Qualitäten nicht einfach aus den Informationen oder Kausalitäten ableiten lassen, welche die gesamte Evolution seit dem „Urknall" bestimmen, dann liegt der Gedanke nahe, daß Gott überall dort wirkt, wo mehr Freiheit entsteht. Kurzum: Weil Gott als der trinitarische absolute Liebe ist, ist er so Schöpfer, daß die Schöpfung insgesamt und jedes Partikel der Schöpfung nicht nur Wirkung, sondern auch Ursache, nicht nur Objekt, sondern in unterschiedlichen Graden auch Subjekt ist.

Natürlich kann man im Bereich der vorbewußten Schöpfung nur im übertragenen Sinn von Subjektivität sprechen. Und man sollte klar unterscheiden zwischen dem, was man als Freiheit, und dem, was man als Singularität bzw. Einmaligkeit des einzelnen Geschöpfs bezeichnet. Die Tatsache, daß kein Individuum dem anderen gleicht, daß jeder Grashalm dieser Welt von allen anderen, jede Schneeflocke der Weltgeschichte von allen anderen verschieden ist, kann von der Quantenphysik ganz einfach damit erklärt werden, daß die Untrennbarkeit der kleinsten Elementarteilchen von immateriellen Feldern (Informationsschemata) immer ein Doppeltes bedeutet: Das Verhalten des einzelnen Elementarteilchens ist nicht definierbar, wohl aber das Ergebnis des von bestimmten Informationen gesteuerten Zusammenwirkens der Elementarteilchen. Konkreter ausgedrückt: Unter der Voraussetzung bestimmter Informationen bilden bestimmte Elementarteilchen immer einen Grashalm, niemals jedoch einen Grashalm, der mit einem anderen identisch ist.

Die Tatsache, daß ein Informationsschema nicht restlos bestimmt, wie sich das einzelne Elementarteilchen seines Einflußbereichs verhält, darf als Hinweis auf vorbewußte Formen der Freiheit verstanden werden. Zur Freiheit im eigentlichen Sinn aber gehört Bewußtsein; gehört die Fähigkeit eines Ich, sich in Beziehung zu setzen zu jedem Nicht-Ich. Immanuel Kant spricht von einem *unbedingten* Sollen, das jeder Mensch theoretisch wie praktisch in sich entdecken kann. Denn wenn ich das andere meiner selbst (das Nicht-Ich) als solches erkennen will, dann darf ich mich nicht mit Meinungen, Vorurteilen und Zwecken zufrieden geben; dann stehe ich unter dem Anspruch, der Andersheit des anderen *unbedingt* gerecht werden zu sollen. Besonders anschaulich wird dies im Bereich der Ethik. Kant bringt folgendes Beispiel[19]: Stell dir einen Gutsherrn in Ostpreußen vor. Um sich einen materiellen Vorteil zu verschaffen, will der einen Rivalen durch eine Verleumdung an den Galgen bringen. Dafür braucht er vor Gericht einen Zeugen, der sich für eine Falschaussage bestechen läßt. Also wendet er sich an einen seiner Leibeigenen. Gleichgültig, ob der gebildet oder ungebildet, auf diese oder andere Weise erzogen ist, in der Tiefe seines Gewissens weiß er ganz unabhängig von äußeren Gegebenheiten, was er *„un-bedingt" (unter jeder Bedingung!)* tun soll: nämlich die Wahrheit sagen trotz der

Drohungen seines skrupellosen Chefs. Kant ist realistisch genug, um zu vermuten, daß nur wenige in solchen Situationen unabhängig von allen Konsequenzen für die eigene Zukunft handeln. Weil sie jedoch wissen, daß sie könnten, wenn sie wollten, bestätigen sie die Existenz jener eigentlichen Freiheit, durch die ein jedes sich seiner selbst bewußte Ich dem Anderen (dem Nicht-Ich) entsprechen (gerecht werden) soll und kann.

Kant beschreibt die Fähigkeit eines Ich, dem Nicht-Ich zu entsprechen, als das Phänomen der „transzendentalen Freiheit“. Auch wenn er selbst die Entsprechung zwischen Ich und Nicht-Ich bzw. die Anerkennung des jeweils Anderen niemals mit dem inflationär entwerteten Wort „Liebe“ benennt, zeigt er auf seine Weise, daß der Inhalt dessen, was er „transzendentale Freiheit“ nennt, Liebe ist. Denn Liebe wird der Andersheit des Anderen gerecht.

Mit vorgehaltener Pistole kann einer fast alles von einem anderen Menschen erpressen, nicht aber seine Liebe. Liebe ist der reinste Ausdruck der mit Bewußtsein begabten Freiheit, weil sie niemals das bloße Produkt irgendwelcher Kausalitäten oder Informationen ist, weil sie mit keinen Mitteln dieser Welt erzwungen werden kann. Der Schöpfer, der als der trinitarische *die* Liebe *ist*, will ein Geschöpf, das nicht nur frei im Sinne einer bedingten Selbständigkeit, sondern frei im unbedingten Sinne, frei im Sinne personaler Liebe ist. Und weil auch Allmacht die Liebe eines Du – und sei es die des eigenen Geschöpfes – nicht „produzieren“ oder „erzwingen“ kann, dürfen wir von Gott sagen, er, der sich freiwillig (!) an die von ihm selbst geschaffene (ermöglichte) Freiheit gebunden hat, leidet an den Folgen der pervertierten Freiheit.

Beten oder:
Die Annahme der eigenen Sendung

Durch die gesamte Heilige Schrift zieht sich der Gedanke, daß jeder Mensch – weil unverwechselbares „Ich" (Person) – berufen ist, auf jeweils einmalige (durch nichts und niemanden ersetzbare) Weise die Anerkennung des Anderen (die Liebe) zu leben. Was soeben reichlich abstrakt als das Besondere der mit Bewußtsein ausgestatteten Freiheit beschrieben wurde, ist in der Hebräischen Bibel die „Stelle" des einzelnen Menschen in dem von Jahwe mit Israel geschlossenen Bund. Nicht nur sogenannte „Kollektivpersonen" – nicht nur Priester, Könige und Propheten – sondern jedes einzelne Glied des Volkes Israel ist von Jahwe an eine bestimmte Stelle gerufen, an der es durch sein Für-Sein zum Segen oder durch Untreue zum Unheil nicht nur für sich selbst, sondern auch für alle wird, die auf seine Solidarität angewiesen sind. Darin liegt der Kern des Bundesgedankens, daß Jahwe sein Heil in der Geschichte abhängig macht vom Handeln seines Volkes Israel, und zwar so, daß jeder einzelne Israelit auf je einmalige Weise mehr oder weniger Verantwortung für das Ganze des Bundes trägt[20].

Vor diesem Hintergrund leuchtet ein, daß die Pervertierung der Freiheit bzw. des Person-Seins (Sünde) nicht die Verletzung dieses oder jenes Gebotes, sondern die Verweigerung der eigenen Sendung ist. Was der Jude die Erfüllung der Tora nennt, ist nur im Zerrspiegel einer abwertenden Perspektive ein legalistisches Befolgen unzähliger Regeln. In Wahrheit ist das Erfüllen der Tora die Annahme der eigenen Sendung, die Übersetzung des göttlichen Willens in die eigene Freiheit bzw. Einmaligkeit.

Wieder empfiehlt sich ein Blick auf den Juden, der den Willen seines „Abba", die Tora, so in jede Situation seines Lebens, Leidens und Sterbens übersetzt hat, daß er von sich sagen durfte: „Wer mich sieht, sieht den Willen des Vaters." Das immer wieder von den Evangelisten bezeugte Beten

Topos plus

Ja, senden Sie mir regelmäßig Informationen über das Programm von Topos plus zu:

Name, Vorname
_____

Beruf
_____

Straße
_____

PLZ / Wohnort
_____

Antwort

Verlagsgemeinschaft
Topos plus
Hoogeweg 71
D-47623 Kevelaer

Diese Karte entnahm ich dem Buch:

Zum Lesen bzw. zum Kauf wurde ich angeregt durch:

☐ Prospekt

☐ Anzeige

☐ Buchbesprechung

☐ Schaufenster

☐ Empfehlung im Buchhandel

☐ Empfehlung von Bekannten

☐ Geschenk

(Zutreffendes bitte ankreuzen)

Meine Meinung zu diesem Buch:

Verlagsgemeinschaft Topos plus

Das Programm von Topos plus bietet Ihnen:

aktuelle Themen

religiöse Sachbücher

Lebenshilfe

Spiritualität

Biographien

e verlags gruppe engagement

Mitglieder der Verlagsgemeinschaft Topos plus:

Butzon & Bercker, Kevelaer

Don Bosco Verlag, München

Echter Verlag, Würzburg

Lahn-Verlag, Limburg

Matthias-Grünewald-Verlag, Mainz

Paulusverlag, Freiburg (CH)

Verlag Friedrich Pustet, Regensburg

Verlag Styria, Graz–Wien–Köln

Verlagsanstalt Tyrolia, Innsbruck–Wien

Jesu veranschaulicht mehr als jedes andere Faktum, daß er seine Gottessohnschaft (seine Einheit mit dem Vater) *als wahrer Mensch* lebt.

Wenn man einmal die Stellen sammelt, in denen zum Beispiel der Evangelist Lukas vom Beten Jesu spricht, dann fällt auf, daß es stets um die Einheit mit dem Willen des Vaters geht. Jesus betet niemals um dies oder das, sondern nur darum, daß sich in seinem Handeln der Wille (das Handeln) des Vaters erfüllen möge. Nur einige wenige Stellen seien hier zitiert:

- „In diesen Tagen ging er auf einen Berg, um zu beten. Und er verbrachte die ganze Nacht im Gebet zu Gott. Als es Tag wurde, rief er seine Jünger zu sich und wählte aus ihnen zwölf aus; sie nannte er auch Apostel" (Lk 6,12f).
- „Etwa acht Tage nach diesen Reden nahm Jesus Petrus, Johannes und Jakobus beiseite und stieg mit ihnen auf einen Berg, um zu beten. Und während er betete, veränderte sich das Aussehen seines Gesichtes und sein Gewand wurde leuchtend weiß" (Lk 9,28f).
- „Jesus betete einmal an einem Ort; und als er das Gebet beendet hatte, sagte einer seiner Jünger zu ihm: Herr, lehre uns beten, wie schon Johannes seine Jünger beten gelehrt hat. Da sagte er zu ihnen: Wenn ihr betet, so sprecht: Vater, dein Name werde geheiligt. Dein Reich komme" (Lk 11,1f).
- „Dann entfernte er sich von ihnen ungefähr einen Steinwurf weit, kniete nieder und betete: Vater, wenn du willst, nimm diesen Kelch von mir! Aber nicht mein, sondern dein Wille soll geschehen" (Lk 22,41f).
- „Und Jesus rief laut: Vater in deine Hände lege ich meinen Geist. Nach diesen Worten hauchte er den Geist aus" (Lk 23,46).

Wo einer sein Denken und Reden, sein Planen und Wünschen, seine Begabungen und Schwächen dem Gott hinhält, der die Liebe ist, da hört er auf, sich mit anderen zu vergleichen. Da mißt er den eigenen Wert nicht mehr nach den Maßstäben der Leistung oder des Besitzes, des An- oder Aussehens. Da wird er „er selbst". Da nimmt er seine unverwechselbare, durch nichts und niemanden zu ersetzende Sendung (Berufung) an. Da wird das, was Kant die „transzendentale Freiheit" genannt hat, in einer Person auf einmalige Weise konkret.

Beten heißt: Sich mit den Augen einer unbedingten Liebe – mit den Augen des trinitarischen Gottes – sehen lernen. In vielen Heiligenbiographien (Ignatius von Loyola, Therese von Lisieux, Charles de Foucauld etc.) kann man die Erschütterung verifizieren, die Menschen erfahren haben, wenn sie entdeckten: *Er* braucht mich; *Er* macht sein Dasein in dieser Welt von mir abhängig. *Er* kann durch mich etwas bewirken, was *er* ohne mich nicht wirken kann, weil *er* sich nicht nur an die Schöpfung insgesamt, nicht nur an das Volk Israel, nicht nur an die zwölf Apostel, sondern auch an mich gebunden hat.

Es gibt keine dritte und vierte Alternative, sondern nur diese eine: *Entweder* ist der Mensch auf Grund seiner Personalität etwas qualitativ völlig anderes als ein Tier. *Oder* er ist das höchstentwickelte Säugetier. Die unantastbare Würde des einzelnen Menschen läßt sich nicht aus den Ursachen herleiten, die seit dem „Urknall" eine 15 Milliarden Jahre lange Kausalkette bilden. Nein, in dem, was wir soeben als „einmalige Berufung" beschrieben haben, kommt etwas zum Ausdruck, was nur unbedingte (absolute) Liebe begründen kann.

Wenn die Welt als ein Chaos von Fakten oder Zufällen betrachtet wird, das der Mensch ordnen und zu etwas Sinnvollem – und das heißt dann: für ihn selbst Zweckhaftem – machen muß, wenn Gott als welttranszendentes „Etwas" oder als fromme Projektion betrachtet wird, dann ist nichts mehr „an und für sich" wertvoll, sondern nur als Funktion oder Zweck für jemanden. Dann ist auch der einzelne Mensch nur das, was er leistet. Funktionen und Leistungen aber sind immer austauschbar und ersetzbar. Wenn alles machbar ist, gibt es nichts Unbedingtes mehr.

Nicht nur in den Wohnsilos der Großstädte haben Menschen das Gefühl: „Ob es mich gibt oder nicht gibt, ist gleichgültig; nicht einmal der Nachbar kennt meinen Namen; und für die Gesellschaft bin ich eine Ziffer im Computer, ein Objekt der Karteien und Statistiken." Die Anonymität reicht bis zur anonymen Urnenbestattung. Und selbst in den Institutionen, die sich dem einzelnen zuwenden wollen, wird der Mensch immer häufiger zum Objekt einer perfekten Organisation, zum bloßen Fall einer Regel oder Ausnahme. Entwicklungstheoretiker brandmarken jede zweite Neugeburt als besser vermiedenen Beitrag zur Bevölkerungsexplosion. Hunderttausende von Kindern werden wie ein jederzeit ersetzbares „Eigenprodukt" ihrer Eltern abgetrieben. In aller Offenheit wird über Euthanasie diskutiert. Der einzelne wird nach seinem Nutzwert taxiert. Millionen erfahren ihre Ersetzbarkeit am Arbeitsplatz. Sie werden buchstäblich von Maschinen ersetzt. Und es fragt sich, wieviele von ihnen wissen, daß sie viel mehr und etwas ganz anderes als ihr Job und ihre Leistung sind. Das Tauschdenken geht bis zum Ersatz der echten Mutter durch eine bezahlte Leihmutter. Wo, so fragt der Münchener Psychoanalytiker Albert Görres[21], ist in diesem Denken Platz für eine Kirche, die in jedem Menschen das Einmalige sieht: in Gerechten und Ungerechten, in Sympathen und Unsympathen, in Gescheiten und Dummen, in Helden und Feiglingen, in Großherzigen und Kleinlichen, auch in Neurotikern, Psychopathen, Sonderlingen, Heuchlern, in zwanghaften Legalisten, hysterisch Verwahrlosten, Infantilen, Süchtigen, Perversen, herzlosen Bürokraten und Fanatikern ebenso wie in der Minderheit von gesunden, ausgeglichenen, reifen, seelisch und geistig begabten, liebesfähigen Menschen.

Nur unbedingte Liebe kann in jedem Menschen das Einmalige entdecken. Und dieses Einmalige ist keineswegs weniger wirklich als das, was wir greifen, begreifen, machen und messen können. Im Gegenteil: Dieses Einmalige offenbart die Anwesenheit des Handelns Gottes im Handeln seiner Geschöpfe.

Was für das Beten Jesu gilt, gilt auch für jeden anderen Menschen: Je mehr er sich auf den Grund und Ursprung seiner Einmaligkeit bezieht, desto mehr wird sein eigenes Handeln das Handeln Gottes spiegeln. Denn das Beten, das zur Haltung geworden ist, bedeutet die Annahme der je eigenen (einmaligen) Sendung bzw. Berufung.

Das erhörte Gebet oder: Die Heilung des Bartimäus

Da Beispiele sich dem Gedächtnis tiefer einprägen als jede noch so differenzierte Theorie, soll das Gesagte an einer Erzählung exemplifiziert werden. Gemeint ist die bekannte Perikope von dem blinden Bettler Bartimäus. Da heißt es in Mk 10,46–52: „Sie kamen nach Jericho; und als Jesus mit seinen Jüngern Jericho wieder verließ, saß an der Straße ein blinder Bettler: Bartimäus, der Sohn des Timäus. Sobald er hörte, daß Jesus von Nazaret in der Nähe sei, rief er laut: ‚Sohn Davids, Jesus, erbarme dich meiner!' Die Leute wurden ärgerlich und befahlen ihm zu schweigen. Er aber rief noch viel lauter: ‚Sohn Davids, habe Erbarmen mit mir!' Jesus blieb stehen und sagte: ‚Ruft ihn her!' Sie riefen den Blinden und sagten zu ihm: ‚Hab' nur Mut, steh auf, er ruft dich.' Da warf er seinen Mantel weg, sprang auf und lief auf Jesus zu. Und Jesus fragte ihn: ‚Was soll ich dir tun?' Der Blinde antwortete: ‚Rabbuni, ich möchte wieder sehen können.' Da sagte Jesus zu ihm: ‚Geh! Dein Glaube hat dir geholfen.' Im gleichen Augenblick konnte er wieder sehen, und er folgte Jesus auf seinem Weg."

Nehmen wir einmal an: Ich selbst wäre ebenso blind wie jener Bartimäus aus dem Markusevangelium. Was hätte ich dann beim Lesen dieser Perikope empfunden? Hätte sich mir nicht folgende Frage aufgedrängt: Wenn Gott, wie das Beispiel des Bartimäus zeigt, Blinde sehend machen kann, warum dann nicht auch mich? Wenn dies doch eine Grundaussage der Bibel ist, daß Gott alle Menschen und sogar seine Feinde liebt – und also auch mich –, warum heilt er dann diesen Bartimäus und nicht auch alle anderen Blinden, Lahmen, Verkrüppelten und Behinderten?

Vielleicht mag mancher Theologe einwenden, Wunder setzten nun einmal Glauben voraus. Doch wer will bezweifeln, daß es viele, sogar sehr viele Kranke gibt, die genauso fest glauben wie Bartimäus, die genauso laut um Erbarmen schreien wie dieser Bettler in Jericho. Warum heilt Gott nur ihn und nicht auch jeden anderen Kranken, der an sein Erbarmen glaubt?

Auf diese Frage sollte man nicht vorschnell antworten, daß es auch unsichtbare Wunder gebe – z. B. die vielen Kranken, die nach Lourdes fahren und, ohne körperlich geheilt worden zu sein, als innerlich Verwandelte nach Hause zurückkehren. Denn als Jesus den Bartimäus fragte: „Was willst du, daß ich dir tun soll?", und als der dann antwortete: „Rabbuni, ich möchte wieder sehen können", da hat der Blinde sicher nicht nur an die inneren Augen seines Glaubens gedacht; und – ich vermute einmal – Jesus Christus auch nicht. Ich möchte sogar behaupten: Zum Begriff des Wunders gehört es, daß es sich verleiblicht, daß zum Beispiel jemand, der jahrelang mit dem Blindenstock durch die Gegend lief, diesen Stock auf einmal nicht mehr braucht.

Andererseits hat die Theologie durchaus recht, wenn sie in dieser Außenseite des Wunders nicht dessen Kern sieht und behauptet, daß ein wirkliches Wunder eine Sendung bzw. Berufung ist. Auch die Heilung des Bartimäus ist eine Berufungsgeschichte. Denn als er wieder sehen kann, heißt es kurz und bündig: „Und Bartimäus folgte Jesus nach" (Mk 10,52).

Was dem Bartimäus physisch geschah, können Naturwissenschaftler sicher erklären: Auf einmal funktioniert in seinem Auge wieder etwas, was vorher nicht funktioniert hat. Entscheidend ist, daß dies nicht irgendwann, sondern in der Begegnung mit Christus geschieht. Und entscheidend ist, daß dem Bartimäus in der Begegnung mit Christus noch etwas anderes aufgeht als das Augenlicht: das nämlich, was wir oben als je einmalige Sendung oder Berufung beschrieben haben. Für den einen kann das wiedererlangte Augenlicht, für den anderen gerade die Blindheit Medium (Mitte) seiner je einmaligen Berufung durch Gott sein. Damit ist nicht gesagt, daß Gott die Blindheit irgendeines Menschen will. Nein, die Blindheit ist immer ein Unglück. Wenn sie von Geburt aus besteht, ist sie eine „Verunglückung" jener „vorbewußten Freiheit", über die wir in unseren Ausführungen über die Selbstentfaltung der Schöpfung ausführlich gesprochen haben. Es gibt Menschen, die ihre Krankheit im physischen Sinn besiegen – z. B. auf Grund einer im wahrsten Sinne des Wortes „umwerfenden" Begegnung mit Christus. Und es gibt Menschen, die ihre Krankheit verklären – z. B. indem sie sich Ihm hinhalten.

Leider hat die christliche Theologie bis in unser Jahrhundert hinein gemeint, sie müsse in der Auseinandersetzung mit der modernen Naturwissenschaft erklären, was ein Wunder ist und was nicht. Dabei mußte sie ein Rückzugsgefecht nach dem anderen führen und stand am Ende nicht nur als Verlierer, sondern auch als Scharlatan da. Vielleicht können die Ärzte wirklich nicht erklären, wie ein jahrzehntelang Blinder in Lourdes sein Augenlicht wiedererlangt hat. Aber vielleicht ist diese Erklärbarkeit nur eine Frage der Zeit. Jedenfalls ist es noch nie vorgekommen, daß einer, der gar keine Hand mehr hatte, nach einem Besuch in Lourdes auf einmal wieder eine Hand hatte. Es ist gewiß schon vorgekommen, daß einer mit einer kranken Lunge nach einem Besuch in Lourdes wieder eine gesunde Lunge hatte. Und es ist gewiß auch vorgekommen, daß einer, der an sich alle natürlichen Organe zum Sehen hatte, aber dennoch blind war, nach einem Besuch in Lourdes wieder sehen konnte.

Anders gesagt: Es geht bei der Feststellung eines Wunders nie darum, den Naturwissenschaftlern zu beweisen, daß sie vor einem Rätsel stehen. Das Rätsel läßt sich vielleicht irgendwann lösen. Denn Wunder setzen die Gesetze der Natur nie außer Kraft. Im Gegenteil: Etwas, was der von Gott geschaffenen Natur widerspricht, ist kein Wunder, sondern eine Beleidigung des Schöpfers. Denn „un-natürlich" oder „widernatürlich" wird in der Hl. Schrift nicht das Wunder, sondern nur die Sünde genannt. Wunder ereignen sich da, wo Gottes Ruf in Glaube, Hoffnung und Liebe so radikal bejaht wird, daß im wahrsten Sinne des Wortes „alles gut wird" – manchmal so sinnenfällig, daß ein Blinder die Krankheit seiner Augen besiegt.

3. Will Gott, daß ich ihn bitte?

Am 7. März 1999 hat Papst Johannes Paul II. ein deutsches
Dienstmädchen mit dem Namen Anna Schäffer selig gesprochen. Ihre Lebensgeschichte wurde in der Kölner Kirchen-
zeitung wie folgt beschrieben: Geboren 1882 in dem fränki-
schen Dorf Mindelstetten als Tochter eines Schreiners; geht
mit 15 Jahren in Stellung; gerät beim Waschen – kaum neun-
zehnjährig – mit beiden Beinen in einen Kessel mit kochen-
der Lauge und ist daraufhin 25 Jahre bis zu ihrem Tod 1925
ans Bett gefesselt. „Es dauert einige Zeit, bis das junge
Mädchen sich mit diesem Schicksal, mit den Schmerzen und
der Bettlägrigkeit, abfindet. Doch allmählich erkennt sie
darin ihren ganz persönlichen Weg, dem leidenden und gekreuzigten Jesus nachzufolgen. Ihr Leben und Leiden will
sie als ‚Sühneopfer‘ darbringen. Ihr Krankenzimmer wird
zur ‚Leidenswerkstatt‘, in der sie den Willen Gottes erfüllen
will. […] Sie vergeht nicht in Selbstmitleid, sondern spendet
anderen Trost – mit dem Federhalter. Sie entfaltet von ihrem
Bett aus ein umfangreiches Briefapostolat, in dem sie vor
allem den Sinn eines mit Christus getragenen Leidens auf-
zeigt."

Man muß nicht Nietzsche und Freud gelesen haben, um
angesichts dieser Zeilen an den Kleine-Leute-Katholizis-
mus inzwischen ausgestorbener dörflicher Milieus, an kit-
schige Herz-Jesu-Bilder, Handtücher mit frommen Sprüchen, Lourdes-Wasser-Verehrung, an eine jede vitale Freude
erstickende Opferfrömmigkeit, an die ideologische Verklärung des Leidens und auch der kirchlichen Autorität, an
die Unterdrückung der Sexualität, an Skrupulosität und an
das alles kontrollierende Auge Gottes zu denken. Nietzsche
hat das Christentum vor allem deshalb gehaßt, weil es nach
seiner Meinung die Ideologie der Schwachen ist. Der
schüchterne und unterlegene Außenseiter, der Kranke, Lei-

dende, Behinderte wird zum von Gott Erwählten. Freud spricht gerade im Blick auf katholisch geprägte Milieus von dem Ich, das sich dem Über-Ich, dem alles und jedes kontrollierenden Auge Gottes, opfert. Das depressive Gefühl der Minderwertigkeit, der Kleinheit, der Ohnmacht, der Unvollkommenheit und der Schuld kann zu einem endlosen Kreislauf an Bravheit, Entgegenkommen und Selbstverleugnung führen. Denn – so bemerkt Nietzsche – „der getretene Wurm krümmt sich. So ist es klug. Er verringert damit die Wahrscheinlichkeit, von neuem getreten zu werden. In der Sprache der Moral: Demut."[22]

Will Gott Opfer und Sühne?

Die Älteren unter uns haben noch eigene Erinnerungen an eine Frömmigkeit, in der fast alles Gott Wohlgefällige ein Opfer war. Man ging in die Kirche, um ein Opfer zu bringen. Man verzichtete auf Süßigkeiten – z. B. in der Fastenzeit –, um ein Opfer zu bringen. Und nicht zuletzt galt das Gebet als Opfer. Ich kann mich noch gut erinnern, daß ich – als Kind in Norddeutschland aufgewachsen – während der „drei tollen Tage" täglich eine Stunde Anbetung vor dem ausgesetzten Allerheiligsten in der Pfarrkirche „aushalten" mußte. Zu allem Überfluß erklärte uns die besonders fromme Lehrerin, wir im Norden würden auf diese Weise die Sünden der karnevalstollen Rheinländer sühnen.

Wenn ich zurückdenke, habe ich in diesem Zusammenhang zum ersten Mal das Wort „Sühne" gehört. Damit verbunden war die Vorstellung, Gott sei ein durch die Sünde beleidigter Vater; er verlange dafür Genugtuung (Satisfaktion) und könne nur durch Opfer gnädig gestimmt werden. Ein furchtbares Gottesbild – jener Krämerseele entsprungen, die ihn mit zwei Waagschalen vorstellt: auf der einen die Sünden, auf der anderen die Verdienste.

Dieses Bild ist nicht zufällig entstanden. Ihm zugrunde

liegt die römisch-germanische Rechtspraxis. Schuld mußte gesühnt werden – entweder durch die Verbüßung einer Strafe oder durch eine der Schwere der Schuld äquivalente Wiedergutmachung (Satisfaktion). Hinzu kam, daß in einer Ständegesellschaft die Beleidigung eines Edelmannes ungleich schwerer wog als die Beleidigung eines Bauern oder Handwerkers. Übertragen auf Gott bedeutete dieses Denken: Wenn der edelste aller Herren beleidigt wird, dann wiegt die Schuld so schwer, daß kein irdisches Leben wertvoll genug ist oder lang genug währt, um sie zu sühnen.

Und damit nicht genug: Das germanische Satisfaktionsdenken wurde zum Boden einer – wirkungsgeschichtlich betrachtet – verheerenden Erlösungslehre. Denn auf der Basis der Rechtsformel „aut satisfactio aut poena" („entweder Strafe oder Genugtuung") schien eine brennende Frage endlich ihre Antwort zu finden, nämlich diese: Warum hat der allmächtige Gott seinen unschuldigen Sohn nicht vor dem Kreuz bewahren können? Warum überhaupt mußte der innertrinitarische Sohn Mensch werden? Warum dieses ganze Drama zwischen Betlehem und Golgota?

Wenn Gottes Gerechtigkeit in der unbedingten Einhaltung der Rechtsformel „entweder Strafe oder Wiedergutmachung" besteht, und wenn die Beleidigung Gottes eine „un-endliche" Schuld ist, dann bleibt nur ein Ausweg: Gott selbst muß auf die Seite der Schuldner treten. Deshalb – so formuliert der Vater der Scholastik, Anselm von Canterbury – sagt Gott-Vater zu dem Sünder: „Nimm meinen Eingeborenen und gib ihn für dich!" Und Gott-Sohn sagt zu dem Sünder: „Nimm mich und erlöse dich!"[23]

Anselm betont, daß Gott nicht deshalb auf der Äquivalenz von Schuld und Sühne besteht, damit ihm selbst Genugtuung geleistet werde. Gott geht es um die Würde des Schuldners. Denn der Schuldner selbst soll in die Lage versetzt werden, seine Schuld zu begleichen. Deshalb geht Gott bis zur Konsequenz der Menschwerdung und Kreuzigung seines Eingeborenen; es geht ihm nicht um die eigene Ehre, sondern um die Wiederherstellung der Ehre des Sünders.

Die jüngere Forschung ist sich einig: Anselm selbst war kein Vertreter des Gottesbildes, für dessen Erfinder man ihn Jahrhunderte hindurch gehalten hat. Er selbst vertritt die These nicht, daß der Vater um der Äquivalenz von Schuld und Sühne willen auf der Kreuzigung seines Sohnes bestand. Aber auch anders gewendet wird die Satisfaktionstheorie nicht viel besser. Denn was ist das für ein Vater, der dem Sünder seinen Sohn wie ein Zahlungsmittel in die Hand drückt, damit der seine Ehre wiederherstellen kann? Wenn der Sünder nicht selbst zum Sohn wird, was nutzt es dann, daß er sich der Sohnschaft Jesu Christi wie eines Geldstücks bedient? Und überhaupt: Wie kann Gott-Vater zulassen, daß der Sünder seine Schuld mit den Verdiensten des unschuldigen Sohnes bezahlt?

Biblisch begründet hat man die Satisfaktionstheorie mit dem Gebet des Blut schwitzenden Jesus am Ölberg: „Mein Vater, wenn dieser Kelch an mir nicht vorübergehen kann, ohne daß ich ihn trinke, geschehe *dein Wille*!" (Mt 26,42) Aus diesem Gebet hat man geschlossen: Der Vater *wollte* den Kreuzestod des Sohnes; es war der Wille des Vaters, daß sein Sohn sterbe, und zwar den Verbrechertod am Kreuz – damit die Sünde der Schuldigen in der Sühne des Unschuldigen ein gleichwertiges Verdienst finde.

Die Satisfaktionstheorie bleibt – in welcher Version auch immer – abstrus. Ihre Wirkungsgeschichte hat Ungeheures angerichtet. Denn unzählige Menschen haben vor allem unter ihrem Einfluß geglaubt, der Vater habe auf dem Kreuzestod eines Unschuldigen (seines eigenen Sohnes!) bestanden, damit die ausstehende Rechnung (die nicht beglichene Schuld der Sünder) von wem auch immer beglichen wird. Daraus resultiert dann jene Opfer-Frömmigkeit, die Gott ängstlich als jenen ausgezeichneten Rechner betrachtet, dem man für alles etwas bezahlen muß. Sünde zieht unweigerlich Strafe nach sich oder muß z. B. durch eine Spende oder einen

Verzicht bezahlt werden. Und wenn Gott mir etwas geben soll, dann nur, wenn ich ihn lang genug darum gebeten habe – nach dem Motto: „Wenn ich wieder gesund werden will, dann genügt keine einfache Bitte; da muß es schon eine regelmäßige Wallfahrt oder gar ein mit großen Lasten oder Verzichten verbundenes Gelübde sein."

Frage: Ist Gott wirklich so? Ist er nur gnädig, wenn ich ihn lang und demütig genug darum gebeten habe? Will er, daß ich auf den Knien rutsche? Will er mein Opfer? Will er, daß ich mich klein mache? Oder warum will er, daß ich ihn bitte?

Die befreiende Entdeckung einer anderen Gerechtigkeit

Auch die ganz Großen der Kirchengeschichte haben nicht selten lange Wege zurückgelegt, bevor sie diese Frage zutreffend beantworten konnten.

Da ist zum Beispiel der junge Martin Luther: Während eines furchtbaren Gewitters macht er das Gelübde, im Falle seiner Errettung aus dem Unwetter ins Kloster gehen zu wollen. Eine einzige Frage beschäftigt ihn existentiell wie theologisch: „Wie finde ich einen gnädigen Gott?" Seine Antwort: „Man muß ihm etwas bieten!" Im nachhinein bekennt er von sich selbst: „Es ist wahr, ich bin ein frommer Mönch gewesen und habe meinen Orden so streng gehalten, daß ich sagen darf: Ist je ein Mönch in den Himmel gekommen durch Möncherei, so wollt ich auch hineingekommen sein. Das werden mir alle meine Klostergesellen, die mich gekannt haben, bezeugen. Denn ich hätte mich, wenn es noch länger gewährt hätte, zu Tode gemartert mit Wachen, Beten, Lesen und anderer Arbeit" (WA 38,143). Und in der Predigt über die Taufe vom 1. Februar 1534 erzählt er: „Ich bin fünfzehn Jahre lang Mönch gewesen. Trotzdem habe ich mich nie meiner Taufe getröstet, sondern dachte immer: Oh, wann willst du einmal fromm werden und genugtun, daß du einen gnädigen Gott kriegst?' Ich habe mich zermartert und geplagt, ich aß nicht, ich trug keine (warmen) Kleider und fror" (WA 37,611). Und je mehr er sich mühte, desto deutlicher spürte er Angst vor dem alles durchschauenden Auge Gottes. „Ich habe", so berichtet er an anderer Stelle, ein heiliger, frommer Mönch sein wollen „und habe mich mit großer Andacht zur Messe und zum Gebet bereitet; aber wenn ich am andächtigsten war, so ging ich als Zweifler zum Altar, als Zweifler ging ich wieder davon. Hatte ich mein Beichtgebet gesprochen, so verzweifelte ich abermals. Denn wir waren schlechterdings in dem Wahn, wir könnten nicht beten und würden nicht gehört, wenn wir nicht ganz rein und ohne Sünde wie die Heiligen im Himmel wären" (WA 22,305f).

In der so umrissenen Situation war das, was er selbst sein „Turmerlebnis" genannt hat, wie eine Kehrtwende um 180 Grad. Er liest Röm 1,17[24] und erkennt, daß die Gerechtigkeit, die er bisher als eine fordernde erfahren hat, in Wahrheit ein Geschenk ist. Die Menschwerdung des Sohnes bis hin zur Konsequenz des Kreuzes ist kein „Lösegeld", sondern Ausdruck einer Bundestreue, die dem Sünder bis in die Verschlossenheit seines kreuzigenden Hasses nachgeht. Wer diese „unglaubliche" Liebe glauben kann, der hat aufgehört, sich selbst vor Gott und dem Nächsten zu rechtfertigen. Luther empfindet eine ungeheure Befreiung, so daß er fortan alles verwirft, was Menschen dazu verleiten könnte, Gebet und Wallfahrt, Gottesdienst und Sakramente, Askese und Almosen als Opfer zu verstehen. Dies ist Luthers Credo: Nicht weil ich Gott irgendetwas geben, bieten oder bezahlen könnte, bin ich „gerecht"; nein, „gerecht" bin ich nur im Glauben an die in Jesus Christus Fleisch gewordene Gnade, *nur* im *Glauben* an die „unglaubliche" Zusage, daß er mich trotz all meiner Schwäche und Schuldigkeit liebt.

Während Luther auf Grund eines Gelübdes Mönch wird und sein Mönchtum als Gott geschuldetes Werk versteht, wird der vor Pamplona verwundete Soldat Ignatius nicht deshalb fromm, weil er Gott gnädig machen will, sondern umgekehrt: Er erfährt sich, ohne gefragt und gesucht zu haben – auf dem Krankenlager durch ein zufällig (aus Langeweile) aufgeschlagenes Buch – von Christus ergriffen.

Dieses Ergriffensein erfährt er als Trost. Aber sobald er in das eigene Ich (in den alten Adam) mit seinem Ehrgeiz nach Ritterruhm und Ritterehre zurückkehrt, erfährt er eine ähnliche Trostlosigkeit wie der nach einem gnädigen Gott suchende Mönch von Wittenberg. Und das nicht nur vor seinem Entschluß, Soldat Christi zu werden, sondern auch danach – ja, danach erst recht; da nämlich versucht Ignatius von Loyola zunächst einmal dasselbe wie der frühe Luther: Er will sich selbst gerecht machen; er lebt in Manresa als verwahrloster und verspotteter Bettler ein Bußleben härtester Art – begleitet von Anfällen tiefster Niedergeschlagenheit, von innerer Verzweiflung, von Skrupulosität, angsterfülltem Beichten, Lebensüberdruß und Selbstmordgedanken. Die große Wende erfolgt in einer „umwerfenden Erfahrung" in einer Höhle am Fluß Cardoner, der ganz in der Nähe von Manresa fließt. Noch als Sechzigjähriger bekennt er, daß die Summe aller Einsichten und Erkenntnisse seines Lebens nichts sei im Vergleich zu dem, was er dort am Cardoner erfahren durfte.

Diese Erfahrung, so sagt er ausdrücklich, war keine „Erscheinung", sondern „ein-der-Enge-des-eigenen-Ich-Entrissenwerden" – jedoch nicht von der Welt weg, sondern ganz im Gegenteil in den zur Welt herabsteigenden, zum Sakrament werdenden, eucharistischen Christus hinein. Ignatius hat im nachhinein seine Cardoner-Erfahrung beschrieben als Erfahrung der Trinität. Er hat keine Vision. Er fühlt sich hineingenommen, nicht passiv, sondern aktiv hineingenommen in die Bewegung Gottes „Von-weg-auf-hin". Er weiß sich vom Vater dem in die Welt gesandten Sohn „zugesellt".

Ignatius erfährt eine ungeheure Befreiung, weil er sich unbedingt (ohne Bedingung oder Voraussetzung) geliebt weiß; er erfährt die Befreiung eines Menschen, der seine eigene Identität (den Sinn seines Lebens) leisten, machen, verdienen will, aber dann die im wahrsten Sinne des Wortes „umwerfende Erfahrung" macht, daß er nur eines muß: sich von dem Gott, der als der trinitarische unbedingte Liebe ist, durch, mit und in Christus ergreifen lassen.

Vergleicht man Luther und Ignatius, dann fällt auf, daß Luther seine Befreiung von der skrupulösen Angst der Werkgerechtigkeit als ausschließliches Geschenk Gottes erfährt – in diesem Sinne: Meine Erlösung verdanke ich nur Ihm; mein Glaube an seine in Christus geoffenbarte Liebe ist reines Empfangen; im Gebet ausgedrückt: „Du, Herr bist alles; ich selbst bin nichts." Ignatius erfährt sein Cardoner-Erlebnis ebenfalls als Befreiung. Auch er vollzieht eine radikale Umkehr der Perspektive. *Aber* er erfährt das Geschenk der Rechtfertigung (die Erfahrung, unbedingt geliebt zu sein) als „Zugesellung", als Sendung und Auftrag. Die Annahme der Rechtfertigung ist für ihn nicht *zuerst* ein bloßes Empfangen, das *dann* ein Geben zur Konsequenz hat, sondern das Geben ist der Modus des Empfangens. Die Liebe des Erlösers – so bezeugt er – gipfelt gerade darin, daß er den Sünder nicht zum bloßen Empfänger eines einseitigen Geschenkes bestimmt, sondern zum Geber dessen beruft, was er ihm schenkt. Gott wirft seine Gaben nicht einfach hin, sondern will sie in die offene Hand legen, die im Sich-Auftun das göttliche Geben selbst mitermöglicht. Deshalb sagt Ignatius: „Vertraue so auf Gott, als ob der Erfolg der Dinge ganz von dir abhinge, nicht von Gott. Wende dennoch alle Mühe so an, als ob du nichts, Gott alles tun würde."[25]

Auch Therese von Lisieux durchleidet eine ähnliche Entwicklung wie Ignatius. Zunächst entspricht sie ganz dem Selbstverständnis ihrer Ordensgemeinschaft (der Karmelitinnen); sie will „die Beleidigungen Gottes sühnen", „die

Schmähungen des heiligsten Herzens Jesu wiedergutma-
chen" und „sich für die Vernichtung der Freimaurerei auf-
opfern"[26]. „Wie gut ist es", schreibt sie noch 1890, „Ordens-
frau zu sein, um zu beten und die Gerechtigkeit Gottes zu
besänftigen"[27]. Erst am Ende des achten Kapitels ihrer
autobiographischen „Geschichte einer Seele" findet man das
oft zitierte Dokument eines umgekehrt perspektivierten
Opfers: nicht mehr „Bezahlung" der fremden Schuld durch
die eigenen Verdienste zur Befriedigung der Gerechtigkeit
Gottes, sondern Inklusion in das eine Opfer, von dem der
Hebräerbrief sagt, in ihm sei der Opfernde identisch mit der
Opfergabe. Fortan will Therese sich durch, mit und in Christus verschenken – in der Überzeugung, daß Er nichts tun
will ohne die, denen er sich geschenkt hat. Wörtlich bemerkt
sie in einem ihrer Briefe: „Der Schöpfer des Weltalls wartet
auf das Gebet einer armen kleinen Seele, um die anderen
Seelen zu retten, die gleich ihr um den Preis seines Blutes
erlöst sind."[28]

Die Inklusion des Beters in das eine Opfer Christi

Die vielen Zeugnisse eines Christentums, das Gott als Sühne
fordernde Gerechtigkeit und Christus als „Lösegeld" versteht, sind nicht selten Dokumente der Angst, Skrupulosität
und Selbstzerstörung. Aber ist deshalb jedes Opfer Ausdruck eines gestörten Gottesbildes?

Therese bekundet in ihren Selbstzeugnissen, daß alles,
was sie aus Liebe tut, zugleich innerste Erfüllung ihres
Selbst sei. So können wir in ihren Aufzeichnungen nach-
lesen, wie sie durch, mit und in Christus das Nicht-Beten-
Können eines verzweifelten Menschen auf sich nimmt und
deshalb bekennt: „Ich kann nie beten", zugleich aber: *„Ich
kann es, wenn nicht mehr ich lebe, sondern Christus in mir"*.

Drewermann würde fragen: Wer sagt dies – das Therese quälende Über-Ich eines anerzogenen schlechten Gewissens oder das mit dem Namen Christi verbundene Über-Ich nie abgetragener Schuldgefühle gegenüber der früh verstorbenen Mutter?[29] – Therese selbst antwortet: Wenn nicht mehr *ich* lebe, sondern *Christus in mir*, dann darf ich auch sagen: *„Ich* sage das; *ich* kann beten". Sie behauptet sogar: „Ich tue stets *meinen* Willen". Vordergründig – so kommentiert Ferdinand Ulrich – erscheint dieses Selbstzeugnis Thereses als ein einziges „Durcheinander"; denn „zuerst heißt es: ‚Ich' kann nicht! Dann, wenn das ‚Ich' tot ist, weil ein Anderer in mir lebt, fängt es wieder zu reden an: *ich* kann alles in dem, der … in mir lebt. Aber – so fragen wir – kann denn *ich* hier etwas?"[30]

Nicht nur die Antwort Thereses, sondern zahllose Dokumente der kanonisierten christlichen Tradition bezeugen, daß ich mich (mein Leben) in demselben Maße gewinne, in dem ich mich (mein Leben) in jenes Opfer integrieren lasse, in dem der Priester (Jesus Christus) identisch ist mit der Opfergabe. Diese Integration geschieht im Gebet – nicht in Gebeten, die man nur „absolviert", sondern in dem Beten, das zur Haltung wird. Wenn ich noch einmal das Bild von dem Wasser über einem ausgetrockneten Boden bemühen darf: Wenn dieses Wasser der sich gebende Gott bzw. Christus ist, und wenn wir in dem ausgetrockneten Boden dieser Welt wie Poren sind, die sich für das Wasser öffnen oder schließen können, dann bedeutet das „Hineinlassen" des Wassers, daß wir im Geben dessen, was wir empfangen, uns „selbst verwirklichen".

Wenn das Opfer, von dem auch nach dem Christusereignis die Rede sein darf, ein Sich-Geben ist, dann verbietet sich jede Einengung auf das Leiden. Es ist zwar richtig und von den großen Heiligen immer wieder bezeugt worden, daß die Integration des eigenen Lebens in die Selbsthingabe (Liebe) Christi das Leiden impliziert; aber dieses Leiden wird nicht gesucht oder erstrebt, sondern aus Liebe getragen. Ganz abwegig wäre deshalb die Gleichung: „Mehr Christsein bedeutet mehr Kreuzweg". Oder: „Je schlechter es einem Christen geht, desto echter ist sein Christsein". Mit solchen ausgesprochenen oder unausgesprochenen Vermutungen trägt man zu jenem hoffentlich überwundenen Gottesbild bei, das den Vater als jene unbedingte Gerechtigkeit beschreibt, die zur Befriedigung ihrer eigenen Konsequenz den Kreuzweg des Sohnes fordert.

Ich erinnere mich an ein Gespräch mit einem Mädchen, das vor der Frage der Berufsentscheidung stand. Es war für sie auch die Frage danach, welchen Lebensweg Gott für sie wohl bestimmt habe. Ich schlug ihr vor, sich im Gebet Christus anzuvertrauen und ihm zu sagen: „Mein Leben gehört dir; mach mit mir, was du willst!" Sofort wehrte sie ab: „Das kann ich nicht beten; denn Er würde mich sofort in ein Kloster schicken. Und da will ich unter keinen Umständen hin." Dieses Mädchen war fest überzeugt, daß Christus immer das Schwerere erwartet. Es kam ihr gar nicht in den Sinn, daß er für sie nur das wollen könne, was für sie Leben, Erfüllung und Sinn bedeutet.

Als Priester stoße ich im Gespräch oft auf diese Vermutung: Wer sich auf Christus einläßt, der hat es schwer. Und wem es gut geht, bei dem kann etwas mit der Nachfolge Christi nicht stimmen. Immer wieder ist da der Gedanke: Wenn es mir rundherum gut geht und ich zufrieden bin, habe ich dann nicht etwas falsch gemacht? Habe ich es mir zu leicht gemacht? Oder bin ich noch so schwach im Glauben, daß Christus mir etwas Schwereres nicht zumutet?

Aus solchen Gedanken ergibt sich dann ein Christentum mit Leidensmiene. Wenn es mir schon nicht wirklich schlecht geht, so muß ich doch ein wenig jammern und klagen, damit keiner denken kann, es gehe mir zu gut. Denn das verträgt sich doch nicht mit der Nachfolge Christi.

Wer das Neue Testament liest, kommt zu einem anderen Ergebnis: Christus will, daß die Menschen leben können – nicht gerade noch überleben, sondern in Fülle leben. Er mag es nicht, wenn Menschen sich gegenseitig das Leben schwer machen. Er kann nicht mit ansehen, wenn einer durch Krankheit oder Schuld oder durch ungerechte Verhältnisse am Leben gehindert wird. Offenbar hat er kein Christentum mit Leidensmiene gewollt. Seine öffentliche Wirksamkeit beginnt mit der Teilnahme an der Hochzeit zu Kana. Und er konnte scharf werden, wenn ihn jemand unter dem Vorwand seiner Frömmigkeit daran hindern wollte, zum Beispiel am Sabbat einem leidenden Menschen zu helfen.

Allerdings: Christentum ist nicht identisch mit privatem Glück. Niemand kann Christ sein für sich selbst. An den Gott, der als der trinitarische Beziehung, Anerkennung des Anderen, Sich-Geben ist, kann man kein Gebet *nur für sich selbst* richten. Wer mit Christus kommuniziert, ist nicht einfach der Empfänger eines Geschenkes – jedenfalls nicht nur; er wird nämlich auch zum Geber dessen, was er empfängt.

Die „arme Witwe" oder: Das „Wirklich-Werden" des Beters

In diesem Zusammenhang möchte ich an eine Geschichte erinnern, die – wenn überhaupt – im Zusammenhang mit dem Thema „Armut", kaum aber mit dem Thema „Gebet" thematisiert wird. Es handelt sich um die Erzählung von der armen Witwe, die ihr Letztes hergibt:

„Als Jesus einmal dem Opferkasten gegenübersaß, sah er zu, wie die Leute Geld in den Kasten warfen. Viele Reiche kamen und gaben viel. Da kam auch eine arme Witwe und warf zwei kleine Münzen hinein. Er rief seine Jünger zu sich und sagte: Amen, ich sage euch: Diese arme Witwe hat mehr in den Opferkasten hineingeworfen als alle andern. Denn sie alle haben nur etwas von ihrem Überfluß hergegeben; diese Frau aber, die kaum das Nötigste zum Leben hat, sie hat alles gegeben, was sie besaß, ihren ganzen Lebensunterhalt" (Mk 12,4–44).

Stellen wir uns einmal für einen Moment vor: Ein Fernsehreporter unserer Tage hätte vor zweitausend Jahren diese Szene beobachtet, hätte zudem mitgehört, was Jesus zu seinen Jüngern über die arme Witwe sagte, und wäre dann auf diese unscheinbare Frau mit seinem dicken Mikrophon und der Frage zugegangen: „Wie kommt man dazu, sein Letztes herzugeben?"

Ich vermute: Wenn die Witwe überhaupt geantwortet hätte, dann hätte sie wohl geantwortet: „Man muß lange beten."

Während meiner Jahre in der Gemeindepastoral bin ich immer wieder – vor allem im Beichtstuhl – Menschen begegnet, die gern wissen wollten, wieviel sie geben (hergeben) müßten, um sich mit Recht Christen nennen zu dürfen; Menschen, die durchaus nicht meinten, Christentum sei das Vermeiden schwerer Sünden; Menschen, die sehr wohl verstanden hatten, daß Gemeinschaft mit Christus Gemeinschaft mit dem geringsten Bruder und der geringsten Schwester ist; aber auch Menschen, die genau wissen wollten: Wenn ich zehntausend DM im Monat verdiene, wieviel muß ich dann hergeben, damit Gott bzw. Christus mit mir zufrieden ist? Reichen da fünfhundert DM; oder müssen es 10% sein; oder ist Christus erst dann zufrieden, wenn ich mich wie die arme Witwe in der eben zitierten Perikope verhalte?

Ich bin sicher: Weder Mutter Teresa, noch die arme Witwe aus dem Evangelium würden auf diese Frage mit der Nennung eines Betrages antworten. Ich könnte mir aber denken, daß beide über ihr eigenes Beten (Kommunizieren mit Christus) sprechen würden. Bei Franz von Sales findet sich – sinngemäß – die Bemerkung: Es gibt Arme, die das Herz eines Reichen haben. Und es kommt vor, daß Reiche das Herz eines Armen haben – dies allerdings nur, wenn sie beten.

An dieser Stelle möchte vielleicht mancher Leser protestieren mit dem Hinweis auf Menschen, die Christus nicht kennen, die überhaupt nicht beten und doch sehr selbstlos sind. Wer wollte das bestreiten! Dennoch: Wenn einer für andere buchstäblich auf die Barrikaden geht und Gerechtigkeit einfordert, wenn er mit seinem Engagement bis zur Selbstverbrennung geht und seine Revolution mit dem letzten Einsatz des Eigenen predigt, ist seine Selbstlosigkeit dennoch nicht dieselbe wie die der armen Witwe. Denn sie fordert nicht; sie handelt als einzelne, ohne sich mit dem Verhalten irgendeines Reichen zu vergleichen.

Auch wenn ich mit dieser Auffassung manchen provoziere: Ich bin sicher, daß man die Menschen – und sich selber! – nicht wirklich lieben kann, ohne regelmäßig zu beten.

Gebetsübungen („Exerzitien"), wie der hl. Ignatius von Loyola sie konzipiert hat, beginnen stets mit einem Rückblick auf das bisherige Leben. Den vielen jungen Leuten, denen ich vor Jahren Exerzitien geben durfte, habe ich immer geraten, diesen Rückblick schriftlich zu halten. Ein Achtzehnjähriger, mit dessen Erlaubnis ich hier zitiere, schrieb: „Vor kurzem habe ich eine amerikanische Sciencefiction-story gelesen, in der die Menschen in den letzten Stunden vor ihrem Untergang noch einmal ein Höchstmaß an Lust suchen. Mich hatte die Geschichte nachdenklich gemacht. Ich war sicher, daß ich 24 Stunden vor meinem Tod anders handeln würde. Ich würde so etwas versuchen wie radikales Christentum nach dem Motto ‚Geh, verkaufe alles, was du hast, und gib das Geld den Armen!' Aber mein tatsächliches Leben hat sich nicht geändert, und obwohl ich zuweilen zur Messe gehe, habe ich schon lange nicht mehr gebetet."

„Ich habe schon lange nicht mehr gebetet" – mit diesem Bekenntnis hat dieser Achtzehnjährige erkannt: Das Gegenteil des Betens ist nicht Nichtbeten, sondern die Bequemlichkeit, diese Schwerkraft des eigenen Gefälles, diese uns allen bekannte Müdigkeit, die jeden Aufbruch und Neuanfang verhindert, die unsere Gewohnheiten verhärtet, uns abgleiten läßt in Trott und Spießbürgerlichkeit und täglich Verzicht ist auf Heiligkeit.

Das Gegenteil des Betens ist nicht Nichtbeten, sondern Bequemlichkeit. Ein Mensch wie die arme Witwe aus dem Markusevangelium, ein Mensch, der Gott so vertraut, daß er alles gibt, fällt nicht vom Himmel. Dieses Geben ist keine angeborene Eigenschaft, ist nicht etwas, was man hat oder nicht hat; nein, solches Geben ist die Frucht eines langen Weges.

Worauf es am meisten ankommt und was am meisten zählt, ist die Treue. Die Treue im kleinen! Die großen Unternehmungen, die leidenschaftlichen Vorsätze, das Auf und Ab unserer Himmelsstürmereien sind nicht selten Ausdruck von Eitelkeit, Geltungssucht und Eigenwillen. Die täglich ausgehaltenen zehn Minuten vor Gottes Antlitz (vor Jesus Christus) zählen mehr als zehn große Vorsätze. Denn das Beten ist wie ein Weg durch Steppengras; wenn man den nicht oft geht, wächst er zu.

Zu meinen schönsten Erfahrungen in der Seelsorge gehören die Briefe der sechzehn- und siebzehnjährigen Jugendlichen, denen ich „Exerzitien" geben durfte. Ein Mädchen schrieb mir, sie spreche jeden Abend mit Christus; und sie tue das auf ihren Knien, weil das die einzige Haltung sei, in der sie trotz Müdigkeit beten könne; und sie habe das Gefühl, sie beginne den nächsten Tag schon mit dem Abendgebet. Oder ein angehender Mechaniker schrieb mir: „Nach den Exerzitien habe ich mir vorgenommen, jeden Abend einen Abschnitt aus dem Neuen Testament zu lesen. Und um das nicht zu vergessen, habe ich die Bibel auf mein Kopfkissen gelegt. Dann allerdings war ich vier Wochen auf Montage in München. In der Zeit habe ich nicht mehr daran gedacht. Na ja, als ich zurückkam, lag die Bibel immer noch auf dem Kopfkissen. Ich wollte sie weglegen. Aber dann habe ich eine Stelle aufgeschlagen, die mir nicht mehr aus dem Kopf geht. Ich habe wieder angefangen."

Einem, der inzwischen Priester ist, habe ich empfohlen,

täglich einmal das Ignatius-Gebet zu sprechen: „Nimm hin, o Herr, meine ganze Freiheit. Nimm an mein Gedächtnis, meinen Verstand, meinen ganzen Willen. Nur deine Liebe schenke mir. Dann bin ich reich genug und suche nichts weiter." Die ehrliche Antwort des Zweiundzwanzigjährigen lautete: „Das kann ich nicht beten; das wäre nicht ehrlich." Er hatte auf ähnliche Weise wie das erwähnte Mädchen Angst vor einem Gott, der die ganze Hand nimmt, wenn man ihm den kleinen Finger reicht.

Die arme Witwe des Markusevangeliums hat mit Gewißheit nicht ängstlich gefragt, ob Gott noch mehr verlange. Wenn man sich vorstellt, wie diese Frau, deren Namen wir nicht kennen, ausgesehen haben könnte, denke ich unwillkürlich an das runzlige, aber strahlende Gesicht der Mutter Teresa. Sie hat unzähligen Menschen gezeigt, daß das richtige Geben nicht unglücklich, sondern froh macht[31].

Allerdings: Ein Mensch, der wie die arme Witwe Gott so vertraut, daß er ohne Angst um die eigene Zukunft das Letzte hergibt, fällt nicht vom Himmel, sondern ist die Frucht einer langen Vertrautheit.

Einer, der viel über das Beten nachgedacht hat, der Spiritual Heinrich Spaemann, hat die Wirkung der ständigen Vertrautheit mit Gott in eine Parabel gefaßt. Ein wenig anders erzählt drückt diese Parabel metaphorisch aus, warum die Gestalt der armen Witwe eine Gestalt des wahren Betens ist:

In einem Kinderzimmer lebte ein uraltes Spielzeug, ein Schaukelpferd. Es war schon ganz abgeschabt; die Haare waren ausgefallen; und schön war es nicht mehr. Neben dem Schaukelpferd lag eine äußerst feine, noch ganz neue Stoffpuppe. Und die fragte eines Tages das Schaukelpferd: „Was ist wirklich? Bedeutet Wirklich-Sein, daß man schön ist, daß man schöne Kleider besitzt und teuer ist?" „Wirklich", antwortete darauf das Schaukelpferd, „ist nicht, was man hat, sondern, was man wird. Wenn du ein Kind über lange, lange Zeit wirklich liebst, und wenn ein Kind dich über lange, lange Zeit wirklich liebt, dann wirst du wirklich. Es geschieht nicht auf einmal. Im allgemeinen hast du zu der Zeit, wo du wirklich sein wirst, alles hergegeben. Aber das ist überhaupt nicht wichtig – ausgenommen in den Augen von Leuten, die selbst nicht wirklich sind.

Ich bin überzeugt, daß die arme Witwe, von der Markus berichtet, „wirklich" war.

Die „Exerzitien" des Ignatius oder: Die Erfahrung, unbedingt gebraucht zu sein

Die arme Witwe hat ihr Letztes nicht geopfert, um Gott gnädig zu stimmen. Sie hat nicht aus Angst gegeben, sondern aus Liebe. Deshalb lobt Jesus sie als einen Menschen, der „wirklich" geworden ist.

Ignatius von Loyola hat mit seinem Exerzitienbüchlein[32] mitteilen wollen, wie *jeder* Mensch – gleichgültig wo er steht, ob krank oder gesund, arm oder reich, stark oder schwach – „wirklich" werden kann.

In der mit dem Titel „Prinzip und Fundament" versehenen Nr. 23 des Exerzitienbüchleins lesen wir: „Der Mensch ist geschaffen dazu hin, Gott Unseren Herrn zu loben, Ihn zu verehren und Ihm zu dienen, und so seine Seele zu retten. Die anderen Dinge auf Erden sind zum Menschen hin geschaffen, und um ihm bei der Verfolgung seines Zieles zu helfen, zu dem hin er geschaffen ist. Hieraus folgt, daß der Mensch sie soweit zu gebrauchen hat, als sie ihm zu seinem Ziele hin helfen, und soweit zu lassen, als sie ihn daran hindern. Darum ist es notwendig, uns allen geschaffenen Dingen gegenüber gleichmütig [indifferentes] zu machen, überall dort, wo dies der Freiheit unseres Wahlvermögens eingeräumt und nicht verboten ist, dergestalt, daß wir von unserer Seite Gesundheit nicht mehr als Krankheit begehren, Reichtum nicht mehr als Armut, Ehre nicht mehr als Ehrlosigkeit, langes Leben nicht mehr als kurzes, und dementsprechend in allen übrigen Dingen, einzig das ersehnend und erwählend, was uns jeweils mehr zu dem Ziele hin fördert, zu dem wir geschaffen sind."

Was Ignatius als „Fundament" seiner Exerzitien bezeichnet, ist der grundsätzliche Verzicht auf ein Beten, das in der Tradition jener Opfer steht, die Gott zu etwas „Liebem" veranlassen, etwas tauschen oder für etwas sühnen sollen. Der trinitarische Gott, den Ignatius erfahren hat, muß nicht erst zu etwas „Liebem" veranlaßt werden. Dieser Gott will immer schon überall und unbedingt, was lieb ist. Aber – und das wird meistens vergessen – er will – weil er die Liebe ist – nichts ohne uns tun. Er macht sich im wahrsten Sinne des Wortes abhängig von jedem einzelnen von uns; genauerhin davon, daß ich das, was ich bin, denke, rede und plane, zur „Pore" mache für ihn. Ignatius weiß: Ein Beter, der von Gott etwas anderes als dessen Willen erbittet, glaubt nicht wirklich, daß Gott die unbedingte Liebe ist, sondern fällt – bewußt oder unbewußt – zurück in die Angst der besagten Opfer.

Die Exerzitien des Ignatius beschreiben einen vierwöchigen Gebetsweg, an dessen Ende die Bitte „Dein Wille geschehe an mir und durch mich!" steht. Die *erste Exerzitienwoche* – verbunden mit einer das Leben umgreifenden Beichte – intendiert die Umkehr der Perspektive: Sich und den Nächsten nicht mehr vom eigenen Ich her und auf das eigene Ich hin betrachten, sondern mit den Augen Jesu Christi. Die *zweite Exerzitienwoche* führt dem Exerzitanden vor Augen, wer der trinitarische, in Jesus Christus Mensch gewordene Gott ist: nämlich der Sich-Gebende. Verbunden damit ist die Erkenntnis, daß er meiner bedürfen will; und daß ich in dem Maße mich selbst verwirkliche, als ich seinem Willen entspreche. Am Ende der zweiten Exerzitienwoche steht die „Wahl", zu deren „Fundament" Ignatius bemerkt: „Bei jeder guten Wahl muß, soweit sie von uns abhängt, das Auge unserer Ausrichtung einfach sein, indem es einzig allein das anschaut, wozu ich geschaffen bin, nämlich hin zum Lobpreis Gottes unseres Herrn und zum Heil meiner Seele. Was immer ich also erwähle, muß so beschaffen sein, daß es mir zum Ziel hin helfe, zu dem hin ich geschaffen bin" (EB 169). Und: „Es bedenke ein jeder, daß er in allen Dingen des Geistes soweit gefördert wird, als er herausspringt aus seiner Eigenliebe, seinem Eigenwillen und seinem Eigennutz" (EB 189). Die der Passion und Auferstehung Christi gewidmeten Betrachtungen der *dritten Exerzitienwoche* sind die Voraussetzung jener Beschauung der Liebe, die in dem berühmt gewordenen Gebet gipfelt: „Nimm dir, Herr, und übernimm meine ganze Freiheit, mein Gedächtnis, meinen Verstand und meinen ganzen Willen, mein ganzes Haben und Besitzen. Du hast es mir gegeben, zu Dir, Herr, wende ich es zurück; das Gesamte ist Dein; verfüge nach Deinem Willen; gib mir Deine Liebe und Gnade, das ist mir genug" (EB 234). Verbunden mit diesem Gebet ist die Weisung der *vierten Exerzitienwoche*: „Erwäge, wie Gott in den Geschöpfen wohnt, in den Elementen Dasein, in den Pflanzen wachsendes Leben, in den Tieren sinnliches Fühlen, in den Menschen geistige Einsicht verleihend. Und so auch in mir: wie Er mir Dasein gibt, mich durchseelt, mir Sinne erweckt und geistige Einsicht verleiht, wie er desgleichen einen Tempel aus mir macht, da ich zu einem Gleichnis und Bild Seiner Göttlichen Majestät geschaffen bin" (EB 235).

Die Exerzitien des Ignatius sind Übungen der Kommunikation mit dem dreifaltigen Gott. In dem Maße, wie es dem einzelnen gelingt, sich mit den Augen Jesu Christi zu sehen, erkennt er seine spezifische (einmalige) Sendung durch, mit und in Christus bzw. die Übereinstimmung des eigenen Willens mit dem Willen des Vaters. Nicht zufällig spricht Ignatius immer dann vom Heiligen Geist, wenn er von der Erfahrung des Trostes spricht. Denn wie der Sohn mit dem Vater eins ist im Heiligen Geist, so ist analog der einzelne Mensch eins mit dem Willen des Vaters, wenn er „im Heiligen Geist" denkt, redet, plant und arbeitet.

Was Ignatius Trost im eigentlichen Sinn, nämlich Trost

ohne vorausgehenden Grund (ohne selbstgesetzten oder von außen gesetzten Grund), nennt[33], das ist die Übereinstimmung des „Ich" mit dem Willen Gottes *und* (!) mit dem eigenen Selbst. Aber diese Übereinstimmung ist niemals Besitz, sondern ein das ganze Leben bestimmendes Beten. Deshalb spricht Erich Przywara in seiner Interpretation der Ignatianischen Exerzitien[34] immer wieder von der „Nyktothetik". Wörtlich übersetzt bedeutet dieser Begriff so viel wie „das Setzen der Nacht". Gemeint ist die „Nacht des Sehens mit den Augen des Ich". Der „Tag dieses Sehens" muß durch das „Dunkel der Nacht" gehen; d. h., das Sehen vom Ich her muß aufgegeben werden, wenn man mit den Augen Christi sehen lernen will. Oder anders ausgedrückt: Auf dem Weg der Bejahung des Willens Gottes muß das Ich sich kreuzigen lassen. Dies ist die Haltung jener Freiheit, von der Paulus in 2 Kor 3,17 sagt, daß sie das Kennzeichen des Im-Heiligen-Geiste-Seins ist. Und dies ist zugleich die Haltung der Demut, die Ignatius im Zusammenhang mit der „Wahl" in EB 164–168 beschreibt[35].

Nicht nur große Heilige haben erfahren, daß sie in dem Maße, in dem sie Christus näher kamen, „wirklich" wurden; und daß dieses „Wirklich-Werden" immer mit dem Sichselbst-Geben des Gottes zusammenhängt, den Ignatius in besonderer Weise als den trinitarischen bezeugt.

Der Gebetsweg seiner Exerzitien beschreibt eine Bewegung von oben nach unten. Denn der trinitarische Gott ist nicht in sich selbst verblieben. Gott ist „herabgestiegen" in das Gegenüber seiner Schöpfung. Und der Schöpfer wird sein eigenes Geschöpf: in Jesus Christus. Gott steigt herab bis in unsere menschliche Natur. Er steigt herab in die Reihe derer, die sich im Jordan taufen lassen; er, der Sündenlose, reiht sich ein in die Reihe der Sünder. Nur äußerlich führt sein Weg „hinauf" nach Jerusalem. In Wirklichkeit steigt er herab: zu denen, die er heilt von den Krankheiten des Leibes und der Seele; zu den „verirrten Schafen"; zu den Verachteten, den Ausgestoßenen, den Kleinen. Zum Beispiel in

Jericho: Zachäus steigt auf einen Baum, um ihn zu sehen. Doch Christus ruft ihm zu: „Zachäus, steig herab! Wenn du etwas von mir sehen willst, mußt du herab- und nicht hinaufsteigen!" Der Jüngling, der ihn fragt: „Was fehlt mir noch?", will hoch hinaus. Und Christus sagt ihm: „Eines fehlt dir noch: daß du herabsteigst von dem Sockel deines Habens." Als ihn die Jünger fragen, wer unter ihnen der Größte sei, stellt er ein Kind in ihre Mitte; er sagt: „Wer der Größte sein will, soll der Diener sein." Das ist eine Lektion, die schwer zu lernen ist, – auch für Petrus. Da, wo sich Christus vor ihm niederkniet und ihm die Füße wäscht, da schämt er sich – nicht weil er selber so wie Christus handeln müßte; nein, weil „sein" Herr und Meister einen Sklavendienst verrichtet. Doch Christus schämt sich nicht. Er steigt herab bis hin zu jenen Worten: „Nehmet hin! Dieses Brot, das bin ich selbst. Ich selber mache mich so klein wie dieser Krumen Brot. Ich möchte für euch nichts sein als die Nahrung für das Leben." Das sagt er in der Stunde, in der einer seiner engsten Freunde ihn verrät. Und dann steigt er herab so tief, daß jede Tiefe ausgelotet ist. Der Schöpfer wird von seinen eigenen Geschöpfen ausgeliefert, gegeißelt, bespuckt, verspottet, mit Dornen gekrönt und angenagelt an ein Kreuz. Ihm, der sein Leben lang „herabgestiegen" ist, ihm ruft man zu: „Steig doch herab!" Doch die „Ohn-Macht", nicht vom Kreuz herabsteigen zu können, ist der tiefste Ausdruck einer Liebe, von der wir im Credo sagen: „abgestiegen zur Hölle"; abgestiegen bis in die scheinbare Ausweglosigkeit der Verzweiflung. Kein Abgrund ist seitdem so tief, daß ihn die Liebe nicht erreichen könnte.

Ignatius bekennt, daß der Vater ihn im Heiligen Geist Christus „zugesellt" hat; und daß diese „Zugesellung" seine von niemandem ersetzbare Weise ist, an der Bewegung des trinitarischen Gottes „von oben nach unten" teilzunehmen. Dazu bemerkt Przywara in seiner Deutung der Ignatianischen Exerzitien: „Wer die *forma Dei* angezogen hat, verläßt den Barocksaal und gerät, ohne dies zu intendieren, in Küche, Keller und Stall."[36]

Heilige haben die Bewegung von oben nach unten – auf Grund ihrer besonderen Nähe zu Christus – besonders drastisch erfahren. So lebte die hl. Margareta Maria Alacoque aus der Gewißheit, daß sie in dem Maße, in dem sie Christus „hineinließ" in ihr Leben, die Lasten anderer Menschen auf sich nehmen konnte. Und über Adrienne von Speyr bemerkt Hans Urs von Balthasar: „Sie war Konvertitin, Ärztin, geistig kerngesund, aber von einem tollkühnen Mut beseelt, für Gott und sein Werk in der Welt alles, was sie besaß und was man aus ihr herausholen konnte, hinzugeben. Und Gott hat sie in einem furchtbaren Ernst wörtlich verstanden. Sie wurde eingeweiht in alle leiblichen und seelischen Schmerzen des Kreuzes, in die letzteren vor allem, die so schrecklich sind, daß man gern die äußersten körperlichen Schmerzen ertrüge, wenn einem nur die unerträgliche Gottverlassenheit genommen würde. Dieser Frau wurden immer wieder die Nöte der Kirche und der Welt gezeigt, abständige, laue Priester, unzureichende, verlogene Beichten, Verdunkelungen des Glaubens Unzähliger, und dieser Anblick entflammte sie so sehr, daß sie sich bedingungslos zu allem anbot, was erfordert wäre, um zu helfen. Dann wurde sie in den geistigen Abgrund gestürzt, in das ,Loch', wie sie es nannte, oft tage- und nächte-, oft auch wochenlang."[37]

Oder denken wir an jenes unscheinbare Dienstmädchen, das Papst Johannes Paul II. am 7. März 1999 selig gesprochen hat. Offenbar ist die Kirche überzeugt, daß sie ihre Krankheit und Behinderung zur „Pore" für die Bewegung Gottes von oben nach unten gemacht hat – nicht, um einem Richter mit zwei Waagschalen Genugtuung für die Sünden anderer zu leisten, sondern aus Liebe zu den Menschen.

Drewermann – so vermute ich – würde die „arme Witwe" des Markusevangeliums ebenso wie das Dienstmädchen Anna Schäffer als Beispiel angstbesessener Opferfrömmigkeit bezeichnen. Aber dem ist ein Doppeltes entgegenzuhalten: Zum einen wollen Christus und seine Heiligen Kreuz und Leid ebenso wenig wie die Sünde. Zum anderen laden sie Kreuze auf sich nicht aus lebensverneinendem Masochismus, sondern aus Liebe.

Beten oder: Das Geheimnis der inklusiven Stellvertretung

Vielleicht haben wir – bewußt oder unbewußt – unsere religiösen Vollzüge (vor allem das Beten) so sehr „privatisiert", daß wir die soziale Dimension mehr oder weniger ausblenden. Wenn der trinitarische Gott der Bundes-Gott ist, und wenn dieser Gott nicht *an* uns *ohne* uns, sondern nur *mit* uns handeln *kann*, dann will er unser Beten nicht als Demutsbezeugung, sondern als die „Pore", durch die er hineingelangt in diese Welt, vor allem in die Folgen verunglückter oder pervertierter Freiheit.

Niemals geht es da, wo wir mit Christus kommunizieren, nur um uns selbst. Es geht nicht einmal primär um uns selbst. Blicken wir auf die Vollzüge, in denen wir auf sakramentale Weise mit Christus kommunizieren! Fragen wir einmal, warum die Kirche sieben Vollzüge der Kommunikation des Christen mit Christus zu Sakramenten erklärt hat! Unbestritten ist: Nicht alle sieben Zeichen gehen auf eine explizite Einsetzung durch den historischen Jesus zurück. Und konstruiert erscheint die These, die Kirche habe dem einzelnen die Nähe Christi immer dann sakramental vermitteln wollen, wenn er an einem zentralen Punkt des Lebens stehe; denn es gibt ja Sakramente, die nicht nur einmal empfangen werden. Mir scheint, daß die Kirche im Verlaufe des ersten Jahrtausends jene sieben Zeichen als „Sakramente" definiert hat, in deren Vollzug sie sich selbst erneuert, um das zu werden, was sie sein soll: die umkehrende, zu den anderen Brüdern und Schwestern „herabsteigende" und den

Sieg des Gekreuzigten (die Auferstehung) im Tun bezeugende Gemeinde. Die Kirche selbst ist Sakrament Christi. Sie empfängt ihn nicht nur; sie vermittelt ihn auch. Die Taufe wird ja nicht deshalb gespendet, weil es außerhalb dieses Zeichens keine Gemeinschaft mit Gott und also kein Heil gäbe; sondern wer die Taufe empfängt, wird berufen, auf je einmalige Weise zu sein, was er empfängt. Dasselbe gilt in noch deutlicherer Weise von der Firmung, der Priesterweihe und dem Ehesakrament. Diese Sakramente empfängt niemand nur für sich selbst, nicht einmal primär für sich selbst, sondern um für „die anderen" auf bestimmte Weise wirksames Zeichen (Sakrament) Jesu Christi *sein* zu können. Auch das Bußsakrament darf nicht heilsindividualistisch mißverstanden werden. Vergebung empfangen kann man auch auf nichtsakramentale Weise; wer aber das Sakrament der Versöhnung empfängt, ist bereit, handelnd zu bezeugen, was er selbst empfangen hat. Ähnliches gilt für die Krankensalbung, die wohl am gründlichsten privatisiert und somit ihres sakramentalen Charakters beraubt wurde. Natürlich wird der Gott, der die Liebe ist, sich dem Gebet eines Kranken um Heilung nicht verschließen; und natürlich kann Gott auch auf nichtsakramentale Weise dem Kranken seine Nähe schenken. Wer das Sakrament der Krankensalbung empfängt, will durch und mit Christus die ihn zerstörende Krankheit so annehmen, daß ihre Sinnlosigkeit unterfaßt und also zu einem Zeichen (Sakrament) der Hoffnung für alle wird, die keine Hoffnung haben. Wir empfangen die Sakramente primär, um das Sakrament „Kirche" *sein* zu können. Und wir empfangen besonders häufig die Eucharistie, weil sie das Sakrament des einzig wahren Opfers (des Sich-selbst-Gebens) und also die Quelle unserer eigenen Sendung ist. Wenigstens einmal im Jahr, am Gründonnerstag, erinnert die Kirche in aller Ausdrücklichkeit an die Untrennbarkeit der eucharistischen Communio von der fußwaschenden Liebe zum Nächsten. So wird deutlich, daß niemand den Auferstandenen „für sich haben" kann, ohne sein Opfer mitzuvollziehen. Vor diesem Mitvollzug steht das Empfangen. Aber wer in Taufe, Firmung und Eucharistie dem bis ans Kreuz herabgestiegenen Sohn „zugesellt" wird, pervertiert die ihm geschenkte *communio (Gemeinschaft)*, wenn er sie nicht als *missio (Sendung)* und *diaconia (Dienst am Anderen)* lebt.

Das Sich-Geben ist der Modus (die Art und Weise) jeder Kommunikation mit dem Gott der biblischen Heilsgeschichte. Denn dieser Gott ist der Bundes-Gott, der Gott, der sich nicht nur an Israel insgesamt, nicht nur an die Kirche insgesamt, nicht nur an Jesus von Nazaret, nicht nur an die Apostel und die großen Heiligen, sondern auch an jeden einzelnen von uns bindet.

Um die Mitte aller meiner Ausführungen zum Bitten bzw. Beten zu bezeichnen, habe ich mit der großzügigen Erlaubnis von Walter Habdank eine von ihm veranschaulichte Szene des Alten Testamentes aufgegriffen (vgl. S. 81). Ich würde sie „inklusive Stellvertretung" betiteln. Denn dargestellt wird, wie Gottes Liebe zu seinem Volk Israel sich abhängig macht vom fürbittenden (stellvertretenden) Beten des Mose:

„Als Amalek kam und in Refidim den Kampf mit Israel suchte, sagte Mose zu Josua: Wähl Männer aus, zieh in den Kampf gegen Amalek! Ich selbst werde mich morgen auf den Gipfel des Hügels stellen und den Gottesstab mitnehmen. Josua tat, was ihm Mose aufgetragen hatte, und kämpfte gegen Amalek, während Mose, Aaron und Hur auf den Gipfel des Hügels stiegen. Solange Mose seine Hand erhoben hielt, war Israel stärker; sooft er aber die Hand sinken ließ, war Amalek stärker. Als dem Mose die Hände schwer wurden, holten sie einen Steinbrocken, schoben ihn unter Mose, und er setzte sich darauf. Aaron und Hur stützten seine Arme, der eine rechts, der andere links, so daß seine Hände erhoben blieben, bis die Sonne unterging. So besiegte Josua mit scharfem Schwert Amalek und sein Heer. Danach sprach der Herr zu Mose: Halte das zur

Walter Habdank: Mose, betend (1987)

Erinnerung in einer Urkunde fest, und präge es Josua ein!"
(Ex 17,8–14)

Die von Habdank lithographierte Szene schildert einen
Kampf Israels in jener frühen Phase der Geschichte des
auserwählten Volkes, in der die Feinde noch gleichgesetzt
werden mit dem Bösen. Vielleicht spielen auch magische
Vorstellungen hinein. Aber wenn die erhobenen Hände des
Mose sein Beten veranschaulichen, dann drückt dieses Bild
aus den Anfängen der Heilsgeschichte plastisch aus, was ich
antworten möchte auf die eingangs gestellte Frage: „Will
Gott, daß ich ihn bitte?"

4. Was ist das eigentlich: „Beten durch Christus im Heiligen Geist"?

„Noch immer", so formuliert Dorothee Sölle, „igelt man sich in den christlichen Kirchen ein, den Blick senkrecht nach oben, aber möglichst nicht zur Seite. Beten kann zu einem Alibi werden, das zur Zeit des Verbrechens […] davon abhält, irgendetwas gewußt zu haben. Es kann zu einer Passivität verführen, die lieber mit Martin Luther singt ‚Verleih uns Frieden gnädiglich!', als mit Franziskus: ‚Herr mach mich zu einem Werkzeug deines Friedens!'. Immer noch nicht gebannt ist die Gefahr, das Gebet mit Magie zu verwechseln, vielleicht darum, weil Magie dem Menschen schnellere und leichtere Hilfe verspricht, als der christliche Glaube es kann. Magisches Beten rechnet mit dem wunderbaren Eingreifen eines extramundanen Wesens, das unsere Schwierigkeit plötzlich und ohne unser Zutun löst: […] Wir müssen […] aufhören, die eigene Ohnmacht zu verklären und auf den Fetisch, den alles vermögenden, allmächtigen Papa, der die Sache schon in Ordnung bringen wird, zu starren. Denn Gott, jedenfalls der, mit dem Jesus lebte, hat keine anderen Hände als unsere. Keine anderen Augen und Ohren […]. Die Überwindung der Magie im Gebet beginnt damit, daß wir merken: Gott handelt nicht unmittelbar, wunderhaft, von oben. Er will unsere Hände brauchen, unsere Augen, unsere Ohren, so schwach, so arm, so ‚nur menschlich' ist er. Im Gebet identifizieren wir uns nicht mit einem starken ‚superman', sondern wir übernehmen die Verantwortung für unsere Welt. […] Hat es einen Sinn zu sagen: ‚Senke die Rüstungsausgaben, Herr, und erhöhe den Entwicklungsetat in unserem Lande'? Offensichtlich wird kaum einer mehr so naiv daherreden. Und doch sind viele landläufige kirchliche Gebete um den Frieden ebenso naiv, unmittelbar und reflexionslos und – weil von einer magischen Erwartungshaltung getragen – unchristlich."[38]

Im Blick auf das „Politische Nachtgebet", zu dem Dorothee Sölle in den siebziger Jahren in Köln aufrief, muß man sagen: Sie ist über das Ziel hinausgeschossen. Die Gebete, die da formuliert wurden, waren schon vom Text her nichts anderes mehr als ein Mittel zur Erlangung jenes politischen Bewußtseins, welches das Tun nicht den anderen – auch nicht dem lieben Gott – überläßt, sondern selbst aktiv wird. So falsch ein Gebet ist, das Gott um die Beseitigung des Hungers und des Krieges bittet, ohne die gefalteten Hände in gebende und handelnde zu verwandeln, so falsch ist auch die Meinung, das göttliche Handeln sei identisch mit dem eigenen.

Dieses Mißverständnis wollte ich vermeiden, indem ich den trinitarischen, in Christus offenbar gewordenen Gott mit dem Wasser verglichen habe, das wir – die Poren im Boden dieser Welt – hineinlassen oder außen vor lassen können. In diesem Bild ist das „Handeln der Poren" – das Sichöffnen – keineswegs das Entscheidende; im Gegenteil, das Entscheidende ist das, was das Wasser in dem ausgetrockneten Boden bewirkt. Allerdings: Ohne daß die Poren sich öffnen, sich weit und nachhaltig öffnen, gelangt das Wasser nicht in den Boden.

Das, was diese Welt wirklich verändern kann, ist keine bloße Anweisung zum Handeln, ist mehr als ein Imperativ, mehr auch als die bloße Mitteilung des göttlichen Willens, mehr als eine Verheißung oder Berufung. Das, was diese Welt wirklich verändern kann, ist die *Selbst*-Mitteilung Gottes, ist *Jesus Christus*.

Wenn wir in der Eucharistiefeier Jesus Christus leibhaft unter der Gestalt des konsekrierten Brotes und Weines in uns „hineinlassen", dann ist das viel mehr als eine moralische Aufrüstung. Das Entscheidende *empfangen* wir. Allerdings: Man kann auch „zur Kommunion rennen", ohne sich zu öffnen, ohne sich mit der inkarnatorischen Bewegung des

trinitarischen Gottes „von oben nach unten" verbünden zu
lassen.

Nirgendwo wird die Krise des Betens, die Krise des Glaubens an den „Ich-bin-da-Gott", so handgreiflich wie da, wo
es um die Eucharistiefähigkeit des einzelnen geht. Deshalb
soll dieses Phänomen im folgenden etwas näher beleuchtet
werden.

Der Primat des Empfangens oder:
Das Beten durch Christus

Bei denen, die sich noch gut erinnern können an die hl.
Messe, wie sie vor dem Zweiten Vatikanischen Konzil gefeiert wurde, spürt man nicht selten eine Art Heimweh nach
einer Kirche, in der sie sich mehr „zu Hause fühlten". Viele
haben das Gefühl, etwas verloren zu haben, ohne genau
sagen zu können, was eigentlich sie verloren haben. Vor dem
Konzil waren die liturgische Sprache und nicht selten auch
der Gesang lateinisch; der Priester stand mit dem Rücken
zum Volk, war unter Voraussetzung eines entsprechenden
„Hochaltars" geradezu „entrückt" zu Gott; und die Gemeinde wurde im wahrsten Sinne des Wortes auf Distanz
gehalten. Was der Priester sprach, war an Gott gerichtet;
deshalb galt als gleichgültig, ob auch die Gemeinde verstand,
was der Priester sagte. Die hl. Messe war mehr Opferung
als Mahlgemeinschaft, mehr Anbetung als Belehrung. Der
größte Teil der Gemeinde verstand von dem Geschehen
vorn nicht mehr, als daß er wußte: Jetzt wird das Schuldbekenntnis gebetet, jetzt das Glaubensbekenntnis, jetzt ist
„Opferung", jetzt „Wandlung", jetzt „Kommunion". Wer
die hl. Messe mitfeiern und sich nicht mit einer bloßen
Zuschauerrolle begnügen wollte, dem blieb gar nichts anderes übrig, als die einzelnen Teile des Geschehens vorne
durch persönliches Beten mit Inhalt und Leben zu füllen.

Dennoch: Eine Rückkehr in die vorkonziliare Liturgie wäre eine Sackgasse und ein theologischer Rückschritt. Denn zu Recht hat das Konzil betont: Die hl. Messe ist nicht nur Opfer, sondern auch Mahl. Der Altar soll deshalb nicht nur zu Gott entrückter Hochaltar, sondern auch zum Volk gerichteter Volksaltar, nicht nur Opferstein, sondern auch Tisch sein. Mit Recht hat das Konzil gesagt: Die hl. Messe ist nicht nur Gespräch mit Gott, sondern auch Kommunikation der Mitfeiernden untereinander. Deshalb Ersetzung der lateinischen Sprache durch die Muttersprache! Deshalb Gemeinschaft statt Individualismus!

Allerdings stehen diese wichtigen Erkenntnisse und Anliegen des Zweiten Vatikanum in einem kaum übersehbaren Gegensatz zu dem Phänomen der immer leerer werdenden Gottesdienste. Es wäre ungerecht, den Grund dafür nur in der Gottesdienstgestaltung zu suchen. Die Verdunstung des Glaubens hat tiefere Ursachen.

Dennoch läßt sich nicht leugnen, daß die Umsetzung der Intentionen des Konzils nicht immer gelungen ist. Daß oft pausenlos geredet, gesungen und vorgetragen wird, hat bei nicht wenigen Menschen ein fatales Mißverständnis zur Folge. Viele nämlich meinen – bewußt oder unbewußt –, die hl. Messe sei so etwas Ähnliches wie eine Vorstellung. Man kommt, setzt sich in die Bank und schaut, was „die da vorne" heute bieten. Man läßt sich etwas vorbeten statt selbst zu beten. Man behandelt die Eucharistiefeier wie ein Konsument und stellt anschließend fest, ob sie gut oder schlecht war, – als ob es gute und schlechte Eucharistiefeiern gäbe[39].

Eine Zeit lang meinte man, man müsse den Staub von Jahrhunderten (barocke Ausstattung der Kirchen; Meßgewänder; alte Gesänge; überholte Gebetssprache etc.) nur gründlich genug abtragen, dann werde sich das besagte Wir-Gefühl schon einstellen. Doch viele Experimente sind zu einer unvermeidlichen Enttäuschung geworden. Denn meistens lag ihnen der fatale Irrtum zugrunde, es gehe zunächst um uns selbst; die Gemeinde sei zunächst die Gemeinschaft der Mitfeiernden untereinander. – Eben nicht!

Es geht in der hl. Messe zunächst um die Gemeinschaft des einzelnen mit Christus; und aus dieser erwächst die Gemeinschaft der Gottesdienstteilnehmer untereinander. Andernfalls wäre die Gemeinschaft jedes Kegelabends und jedes Biertisches gemeinschaftsbildender als die Teilnahme an einer Eucharistiefeier. In einer hl. Messe, in der dem einzelnen Teilnehmer das persönliche Sprechen mit Christus nicht mehr gelingt, muß am Ende die Feststellung stehen: „Das da hat mir innerlich nichts gegeben!"

Die Gemeinschaft des einzelnen mit Christus kommt gerade nicht durch Entsakralisierung zustande, gerade nicht dadurch, daß ich statt des Kelches eine Tasse, statt des Altares einen Couchtisch, und statt des Meßgewandes einen Jeansanzug bevorzuge. Sich um Gemeinschaft mit Christus bemühen, das bedeutet zuallererst: sich herausführen lassen aus dem gewohnten Allerlei. Das lateinische Wörtchen „sakral" heißt wörtlich übersetzt: „herausnehmen"; etwas „herausnehmen" aus der Welt des Alltäglichen. Der Priester trägt nicht deshalb Meßgewänder, weil er sich von den anderen absetzen will, sondern um sich selbst und allen Anwesenden bewußt zu machen: er handelt und spricht da nicht als Mr. XY, sondern als Repräsentant Jesu Christi. Es geht um das Bewußtmachen der realen und keineswegs nur bildlichen Gegenwart Christi in der Eucharistie.

Nicht nur Jugendliche, sondern auch viele Erwachsene beklagen sich, wenn von der hl. Messe die Rede ist: „Immer das Gleiche. Könnt ihr die hl. Messe nicht einmal ganz anders gestalten? Manchmal könnte ich vor lauter Langeweile die Wände hochgehen: dasselbe Gedudel; Gebete, die man nicht versteht; Predigten, die zu lang sind; Lieder, die einem zum Hals heraushängen." Solche Sätze sind alarmierend. Sie beweisen, wie sehr im allgemeinen Bewußtsein das, was die Mitte sein sollte, nämlich die persönliche Kommunikation mit Christus, an den Rand gerückt ist.

Nur wenigen ist bewußt, daß eine Eucharistiefeier mit Absicht immer gleich aufgebaut ist. Niemand soll auf den Gedanken kommen, er könne an ihr teilnehmen, ohne jeden Teil dieser Feier mit seinem persönlichen Beten zu füllen. Wenn ich eingeladen bin, kann ich mich nicht wie im Theater benehmen, kann ich mir nicht einfach eine Vorstellung geben lassen und anschließend feststellen, ob das Stück spannend oder langweilig, gut oder schlecht war. Wenn ich eingeladen bin, muß ich mich selbst ins Spiel bringen, muß zuhören, sprechen, mich selbst um Gemeinschaft bemühen. Die hl. Messe ist eine Einladung, kein Theater, eine Begegnung, keine Vorstellung.

Die einzelnen Teile der hl. Messe sind Aufforderung an jeden einzelnen, selbst etwas zu tun: Das Kreuzzeichen – Aufforderung, sich einzulassen auf Jesus Christus; das Schuldbekenntnis – Aufforderung, sich vor Gott zu erkennen; der Wortgottesdienst – Aufforderung, mir von Christus in meinen Alltag hineinreden zu lassen; das Glaubensbekenntnis – Aufforderung, mich auf den Sinn meines Lebens zu besinnen; die Gabenbereitung – Aufforderung, das Sich-Geben Jesu mitzuvollziehen bzw. im eigenen Leben zu konkretisieren; das Hochgebet – Aufforderung, mich hineinnehmen zu lassen in die Beziehung des Sohnes zum Vater; die Kommunion – Aufforderung, sich von Christus erfüllen und ergreifen zu lassen; der Segen – Aufforderung, die Kirche gleichsam in der Begleitung Christi zu verlassen.

Mit einem inzwischen Zwanzigjährigen, den ich als Subsidiar einer Vorstadtpfarrei bei einem Pfarrfest kennenlernte, mache ich von Zeit zu Zeit einen längeren Spaziergang. Der junge Mann – ich nenne ihn hier der Einfachheit halber Peter – ist sehr kritisch, vor allem der katholischen Kirche gegenüber. Aber er nährt nicht einfach seine Vorurteile. Er ist im besten Sinne des Wortes neugierig; und deshalb stellt er Fragen.

Fast zwangsläufig kam es auch zum Gespräch über den Sonntagsgottesdienst. Und wenn ich mich recht erinnere, begann Peter ungefähr so: „Ich kann mit der Behauptung, Christus sei real gegenwärtig in Brot und Wein, nichts anfangen."

In dieser ehrlichen Feststellung ist, wie ich meine, ausgedrückt, warum immer mehr Menschen „eucharistie-unfähig" im wahrsten Sinne dieses Wortes werden. Es liegt nicht nur daran, daß viele die Eucharistiefeier als „Vorstellung" mißverstehen; die Wurzel liegt um einige Ebenen tiefer. Immer mehr Menschen können nicht glauben, daß eine liturgische Handlung mehr ist als ein Zeichen.

Wenn die Eucharistiefeier nicht eben das wäre: eine heilige Handlung, die nicht nur Erinnerung an etwas oder Bezeichnung von etwas, sondern Gegenwärtigsetzung einer Realität ist, dann wäre sie eine Veranstaltung wie andere auch, eine Veranstaltung, in der außerhalb unserer Erfahrungen und Empfindungen nichts geschieht, am wenigsten die reale Präsenz des trinitarischen Gottes.

Wenn ich in der Eucharistiefeier nichts anderes sehe als eine von Menschen gestaltete Feier zur Erinnerung an Christus oder zur Förderung des Gemeinschaftsgefühls, dann ist es unsinnig geworden, in der Kirche etwas anderes zu sehen als einen „humanen Raum", dann besteht auch nicht der geringste Anlaß, den Priester als einen „Geweihten" zu bezeichnen; dann ist es ganz konsequent, die Eucharistiefeier wie eine gemeinsame Mahlzeit in einem normalen Eßzimmer zu feiern. Der „Vorsitzende" – das Wort ist verräterisch genug – begrüßt die Teilnehmer und drückt seine Freude über deren Erscheinen aus. Einander Unbekannte stellen sich vor. Und zum Schluß heißt es nicht: „Gehet hin in Christi Frieden!", sondern im Jargon einer Fernsehansagerin: „Ich wünsche Ihnen noch einen angenehmen Abend."

Josef Pieper hat zu dieser Entwicklung bemerkt: „Mit aller Gewalt und um jeden Preis soll die heilige Handlung ohne ‚störende' Abgrenzung in den durchschnittlich-praktischen Tagesablauf eingefügt und so, wie es heißt, ‚vermenschlicht' werden. Dabei beruht das hier zugrunde liegende Konzept – von seiner beschämenden Dürftigkeit und Primitivität ganz abgesehen – auf einer schmählichen Mißkennung gerade des wirklichen Menschen, dem es wider die Natur ist, auf das bloß ‚Menschliche' eingeschränkt zu sein, und der, nach dem Worte Pascals, um ein Unendliches den Menschen übersteigt. Der wahrhaft humane Daseinsraum umfaßt noch ganz andere Bereiche; und ihre Atemluft ist gerade nicht die Wohnzimmer-Atmosphäre.“[40] Nur wer glaubt, daß in der Eucharistiefeier etwas im wahrsten Sinne des Wortes Erschütterndes wirklich – und keinesfalls nur metaphorisch – geschieht, wird dabei nicht im Wohnzimmersessel sitzen wollen. „Und mag die liturgische Feier gehalten werden in einer vorstädtischen Notkirche; im Tanzsaal des Diasporadorfes; in der Kathedrale, deren kostbare Halle mit ihren Glasbildern das himmlische Jerusalem symbolisiert; oder im Konzentrationslager, während durch die lebendige Mauer der Leiber für einige Minuten ein gegen den Zugriff der Henker notdürftig abgeschirmter Innenraum entsteht – eines ist allen diesen Orten gemeinsam: sie heben sich ab, durch die Armut nicht anders als durch Pracht und Überschwang, gegen das Gehäuse der Alltagsexistenz, gegen ihre tödliche Misere ebenso wie gegen ihr trügerisches Behagen und ihren Komfort. Und nichts ist dem Menschen selbstverständlicher, als sich innerhalb des solchermaßen eingehegten Bezirks ‚anders' als sonst zu verhalten, nicht so wie, sagen wir, auf dem Sportplatz oder dem Markt; man spricht eine natürlich gleichfalls menschliche, aber doch eine ‚andere' Sprache – ‚anders' im Sprechhabitus, im Tonfall, im Gestus, im Vokabular.“[41]

Man kann nicht von dem Ort aus, wo sich die *reale* Selbsthingabe Christi vollzieht, angetan mit den Meßgewändern – also „in persona Christi“ – die Gemeinde, die durch Kniebeuge und Kreuzzeichen ihre Bereitschaft zur Gemeinschaft mit Christus bekundet hat, so begrüßen, als eröffne man irgendeine Tagung und dann zum Abschied sagen: „Ich wünsche noch einen genußreichen Abend" oder „guten Appetit".

An der Art und Weise, wie ich Eucharistie feiere, ist abzulesen, ob ich an den Gott glaube, der da ist in dieser Welt, der hier und jetzt handelt, der sich mir – mir ganz persönlich – in Jesus Christus schenkt. An der Art und Weise, wie ich Eucharistie feiere, ist abzulesen, ob mein Beten mehr ist als Mentalhygiene, transzendentale Meditation oder Bewußtseinstraining. *„Beten durch Jesus Christus"* bedeutet: Ich bin zuerst der Empfangende; ohne den eucharistischen Christus kann ich nichts tun; nur durch Ihn, mit Ihm und in Ihm kann ich seine Hand und sein Fuß, sein Auge und sein Mund sein.

Natürlich hat Dorothee Sölle recht, wenn sie fordert, unser Beten dürfe nie mehr das Alibi für unser Tun sein; und nie dürfe ein Christ Christus „für sich" empfangen wollen. Aber wenn sie daraus folgert, das Christusereignis sei eine Chiffre für jeden Menschen, der die Angst um das eigene Ich überwindet und die Liebe zum Du des Nächsten realisiert, dann unterscheidet sie nicht mehr zwischen dem Handeln Gottes und dem des Menschen; und dann reduziert sie das Beten zu einem bloßen Mittel der Bewußtseinserweiterung.

In den Gebeten der Eucharistiefeier wenden wir uns stets *durch* Christus *im* Heiligen Geist *an* den Vater[42]. Jedes Gebet endet mit einer entsprechenden Formel. Und das Hochgebet gipfelt in dem Ruf: „Durch ihn und mit ihm und in ihm ist Dir, Gott, allmächtiger Vater, in der Einheit des Heiligen Geistes alle Herrlichkeit und Ehre jetzt und in Ewigkeit".

Wie das *„durch Christus"* zu verstehen ist, habe ich zu erklären versucht. Was aber bedeutet das *„im Heiligen Geist"*?

Eins-Werden mit dem Willen des Vaters

Wenn die christliche Tradition Gott nicht nur „Vater" und „Sohn", sondern auch „Geist" nennt, empfiehlt sich zunächst ein Blick auf das *geschöpfliche* Phänomen „Geist".

Meine Ausführungen sollen allzu komplizierte Gedankengänge und Theorien vermeiden. Dennoch möchte ich an dieser Stelle – auf vereinfachende und verkürzende Weise! – auf das Hauptwerk des deutschen Philosophen verweisen, der sich gründlicher als jeder andere mit dem Phänomen „Geist" befaßt hat. Ich denke an Hegels Hauptwerk mit dem Titel „Phänomenologie des Geistes".

Ein Tier nimmt seine Umwelt wahr, ohne um dieses Wahrnehmen zu wissen. Der Mensch hingegen faßt das, was er wahrnimmt, in Begriffe. Das heißt, er ist auf Grund seiner Geistbegabung befähigt, die Übereinstimmung des Anderen (des Nicht-Ich) mit dem Ich zu erfassen. Anders gesagt: Je mehr ich das, was mir zunächst fremd und äußerlich (das Andere, das Nicht-Ich) ist, „begreife", desto mehr realisiere ich meine Geistbegabung. Man hat Hegel nicht zu Unrecht vorgeworfen, daß er der Andersheit des Anderen nicht gerecht werde, wenn er von einem Begreifen des Anderen spreche. Hegel selbst jedoch meint, daß das mit Bewußtsein ausgestattete Ich im Anderen und das Andere im Bewußtsein des Ich sein kann, ohne daß damit die Differenz zwischen Ich und Nicht-Ich aufgehoben wird.

Gott ist, wie Hegel in seiner „Religionsphilosophie" ausführt, insofern „Geist", als er kein monolithisches Ich, sondern der Vater ist, der im Sohn ist, und der Sohn ist, der im Vater ist, ohne daß beider Differenz in eine übergeordnete Einheit aufgehoben wird. „Absoluter Geist" ist Gott, weil er jede Andersheit „einholen" kann. Er kann in jedem seiner Geschöpfe dasein, ohne die Eigenheit der Geschöpfe anzutasten. Er kann sogar als er selbst eins sein mit dem Geschöpf, das mit Personalität begabt ist und daher in keiner Weise sein bloßes Instrument oder Objekt werden kann. Er kann so in einem geschöpflichen Individuum dasein, daß man von einer hypostatischen Union dieses Geschöpfes mit ihm sprechen kann, ohne deshalb das Mensch- bzw. Eigensein dieses Geschöpfes aufzuheben. Ja, der Gott, der in absoluter Weise „Geist" ist, geht bis dahin, wo die Endlichkeit des Geschöpfes sich in sich selbst verkriecht, bis an die Stelle der pervertierten Freiheit, bis an die Stelle der Sünde und des Todes. Der Gott, der auf absolute Weise Beziehung, Selbsttranszendenz, Im-Anderen-seiner-selbst-Sein ist, geht dahin, wo das diametrale Gegenteil seiner selbst ist: an die Stelle äußerster Beziehungslosigkeit und verabsolutierter Endlichkeit. Hegel beschreibt den mit dem Osterereignis identifizierten Karfreitag als die Tötung des Todes. Pfingsten bedeutet dann: Jeder Gläubige, der das eigene Ich transzendiert (z. B. in der Nächstenliebe), ohne die Andersheit des Anderen in das Eigene aufzuheben (ohne den Anderen zu objektivieren oder zu instrumentalisieren), lebt „im Heiligen Geist".

Diese phänomenologischen Beobachtungen eines Philosophen können uns davor bewahren, den Heiligen Geist als eine Wirklichkeit zu betrachten, die mit der Wirklichkeit unserer eigenen Geistbegabung nichts zu tun hat. Weil Gott Geist ist, will er im Anderen seiner selbst sein, will er sich mit der Andersheit (der Einmaligkeit) des einzelnen verbünden. Keineswegs zufällig bezeichnet Paulus nicht nur die Gemeinde insgesamt, sondern jeden einzelnen Getauften als „Tempel des Heiligen Geistes" (1 Kor 3,16; 6,19; Gal 4,6; Röm 8,16). Entsprechend ist das „Beten im Heiligen Geist" das nie endende Bemühen, mit allem, was ich habe und bin – mit meiner Freiheit und Unfreiheit, mit meinen Begabungen und Grenzen, auch mit den Wunden meiner Schuld und meines Versagens – Sohn zu werden im Sohn, „hineinzugehen" in den Willen des Vaters.

Blicken wir auf das Beten Jesu: „Im Heiligen Geist" ist Jesus Christus so eins mit dem Willen seines Vaters (vgl. z. B. Lk 10,21f), daß die theologische Reflexion von ihm

sagen kann: Er lebt als wahrer Mensch – unter den Bedingungen von Raum und Zeit, von Welt und Geschichte –
dieselbe Beziehung zum Vater, die der innertrinitarische
Sohn *ist*. Nur wenn man realisiert hat, daß Jesus Christus
wahrer Mensch ist, kann man ermessen, daß auch sein „Hineingehen" in den Willen des Vaters mit den Schmerzen des
Loslassens, der Dunkelheit und des Nichtverstehens verbunden ist. Das Beten der Ölbergnacht und sein letztes
Beten am Kreuz sind dafür ein beredter Ausdruck. Jesus
verbringt ganze Nächte auf den Knien, um ganz beim Vater
sein zu können. Sein Beten[43] *ist* das „Hineingehen" in den
Willen des Vaters.

Brücke über jeden Abgrund oder:
Das Beten im Heiligen Geist

Karl Rahner spricht immer dann von „Geisterfahrung",
wenn ein Mensch das eigene Ich transzendiert und dabei
genau weiß: „Nicht mehr ich lebe, sondern Christus lebt in
mir" (Gal 2,20). In einem predigtartigen Aufsatz nennt er
Beispiele:

„Da ist einer, der seine Pflicht tut, wo man sie scheinbar
nur tun kann mit dem verbrennenden Gefühl, sich wirklich
selbst zu verleugnen und auszustreichen, wo man sie scheinbar nur tun kann, indem man eine entsetzliche Dummheit
tut, die einem niemand dankt.

Da ist einer, der einmal wirklich gut ist zu einem Menschen, von dem kein Echo des Verständnisses und der Dank-
barkeit zurückkommt, wobei der Gute auch nicht einmal
durch das Gefühl belohnt wird, ,selbstlos', anständig und so
weiter gewesen zu sein.

Da ist einer, der schweigt, obwohl er sich verteidigen
könnte, obwohl er ungerecht behandelt wird, der schweigt,
ohne sein Schweigen als Souveränität seiner Unantastbarkeit
zu genießen.

94

Da ist einer, der sich rein aus dem innersten Spruch seines Gewissens heraus zu etwas entschieden hat, da, wo man solche Entschiedenheit niemandem mehr klarmachen kann, wo man ganz einsam ist und weiß, daß man eine Entscheidung fällt, die niemand einem abnimmt, die man für immer und ewig zu verantworten hat.

Da gehorcht einer, nicht weil er muß und sonst Unannehmlichkeiten hat, sondern bloß wegen jenes Geheimnisvollen, Schweigenden, Unfaßbaren, das wir Gott und seinen Willen nennen."[44]

Das „Beten im Heiligen Geist" ist die Grundhaltung eines jeden Christen, der sich ausstreckt nach der Sohnschaft im Sohn, nach dem Einssein mit dem Willen des Vaters. Aber dieses Einssein kann niemand für sich privat haben – in reiner Innerlichkeit, unabhängig von Zeit und Raum, gleichsam über den Wolken. Das wollte Johann Baptist Metz mit seiner Übertragung der Parabel vom Wettkampf zwischen Hase und Igel auf die Situation des Beters sagen[45]. Der wirkliche Christ ist nicht „immer schon" am Ziel wie der Igel, sondern Einssein mit dem Willen des Vaters, Sohnschaft im Sohn, Leben „im Heiligen Geist" gibt es für ihn nur im Laufen, im Unterwegssein zum Ziel, in der „Anstrengung des Hasen".

Immer wieder hat es im Laufe der Kirchengeschichte Versuche gegeben, den Heiligen Geist gleichsam als Bewegung von unten nach oben neben den Sohn als die inkarnatorische Bewegung von oben nach unten zu stellen. Der mittelalterliche Zisterzienser-Abt Joachim von Fiore zum Beispiel erträumte nach einem Zeitalter des Vaters und des Sohnes das einer rein geistigen Verbindung mit Gott. Die Heilige Schrift aber läßt nicht den geringsten Zweifel daran, daß der Heilige Geist nur da ist, wo Menschen mit ihrem Glauben ins Fleisch gehen, statt aus der Welt zu fliehen.

Es gibt keinen Ort in dieser Welt, der so weit weg vom Vater wäre, daß der verlorene Sohn von da aus nicht aufbrechen könnte zu ihm. Aber die Wege sind unterschiedlich lang. Und oft verbergen sich die ersten Früchte des Geistes unter dem Gestrüpp der Sünde.

Der Befreiungstheologe Leonardo Boff hat dies in seinem Bestseller mit dem Titel „Erfahrung der Gnade"[46] zu sagen versucht. Zwei Beispiele[47] aus seiner Seelsorge an den Ärmsten der Armen seien hier erzählt:

Ein junger Mann – Severino – kommt zu ihm: „Herr Pfarrer, kann ich etwas Weihwasser bekommen?" Und Boff antwortet: „Hier ist es! Aber darf ich auch wissen, wozu?" „Ja sicher, Herr Pfarrer, ich will damit mein Haus segnen." „Gut", sagt Boff, „aber ist das nicht Sache des Priesters? Ich werde zu Dir kommen." „Nein, lieber nicht, Herr Pfarrer", antwortet Severino. „Ich schäme mich, es zu sagen. Aber Sie sollen es wissen. Ich lebe mit einer Frau zusammen, und wir haben doch nicht kirchlich geheiratet. Ich habe sie aus der Prostitution geholt. Ich werde versuchen, mit ihr zu leben. Ich will ihr Verständnis entgegenbringen, Zärtlichkeit. Wenn sie gesund wird und in der Lage ist, die Frau von nur einem Mann zu sein, soll sie meine Frau werden. Jetzt ist's noch zu früh. Jetzt können Sie uns noch nicht besuchen. Wir leben noch im Stande der Sünde. Deshalb muß ich selbst unser Haus mit Weihwasser segnen. Aber Gott soll ihr doch helfen. Wenn's klappt, werde ich Sie einladen; und Sie sollen die Hochzeit halten." Und Boff bemerkt: Severino war überzeugt, sie könne gesunden. Sein Grundprojekt war von einer großen Reinheit, die als solche mehr gilt als alle Einzelakte in sich betrachtet. Er hat in den Verhältnissen, in denen er lebt und leben muß, die Gnade sichtbar werden lassen.

Das zweite Beispiel: Boff besucht Schwestern in einem Städtchen am Rande des Amazonasurwalds. Und die zeigen ihm ein Pflegeheim, das von einer Frau mit Namen Dona Sinhá geführt wird. Es heißt: „Wir finden immer wieder schwerkranke, pflegebedürftige, alleingelassene Menschen. Wir bringen sie zu Dona Sinhá". Auf die Frage, woher sie denn die Mittel zum Unterhalt ihres Hauses nehme, antwortet sie verschämt: „[…] verstehen Sie mich bitte! Ich hab' ne Bar. Ich muß ja leben. Und die Frauen hier haben keine Arbeit, die müssen aber auch leben. Viele sind Prostituierte. Ich auch. Die arbeiten mit mir zusammen. Ich weiß, ich weiß, daß das gegen das Gesetz Gottes ist. Es zerreißt mir das Herz, wenn ich Ihnen das sage. Aber ich weiß weder ein noch aus. Mit der Bar komm' ich 'rum, auch die anderen Frauen. Alles, was von meinem bescheidenen Leben übrig bleibt, geht in das Pflegeheim. Ich kann eine ganze Reihe Kranke unterhalten. Bezahlen tun sie nichts. Das Essen koch ich ihnen. Die Wäsche wasch ich für sie und kauf die Medikamente. Sie bleiben bei uns, bis es wieder geht." Selbst Boff spricht hier nicht mehr vom Sichtbarwerden der Gnade. Statt dessen bemerkt er metaphorisch: „Auch im Sumpf wachsen Lilien. Gerade sie sind oft die weißesten und makellosesten."

Boffs Beispiele erinnern mich z. B. an Graham Greenes Roman „Die Kraft und die Herrlichkeit": In Mexiko haben die kommunistischen Machthaber ihren totalen Staat errichtet. Mit Terror und Gewalt wurde jede Freiheit zerschlagen, jede Kirche geschlossen, jede Erinnerung an das Christentum so weit wie möglich ausgelöscht. Die Priester sind verjagt oder erschossen. Nur einer weilt noch im Land, im Untergrund, immer auf der Flucht vor den Häschern. Er taucht bald in diesem, bald in jenem Dorf auf und spendet hastig die Sakramente. Dieser hungernde und verlumpte Mann wirkt wenig erbaulich, und er weiß das auch. Er ist dem Whisky verfallen, das Volk nennt ihn den „Schnapspriester", er hat mit einer fremden Frau ein Kind, er ist alles andere als ein todesmutiger Bekenner, vielmehr ein ängstliches Häufchen Elend. Aber er hält seiner priesterlichen Verpflichtung die Treue. Man braucht ihn, also bleibt er, obgleich ihn die Scham über seine Schande zu Boden drückt. Er könnte ins Ausland entkommen, möchte einmal verschnaufen und brennt darauf, seine Sünden in einer Beichte loszuwerden. Schon ist er auf dem Wege, da ruft man ihn zu einem Sterbenden. Er ahnt eine Falle, will sich aber dem Ruf nicht verweigern. Er wird gefangen und schließlich erschossen – ein Tod ohne heroische Gebärden. Am Tage darauf betritt heimlich ein neuer Priester das Land. In diesem Geschehen wird dem Leser zur Gewißheit gebracht: In den Wunden der Armseligkeit wurde „die Kraft und die Herrlichkeit" Gottes offenbar.

Aus diesen und ähnlichen Beispielen sollte man nicht den falschen Schluß ziehen, Gott könne jeweils nur das, was der einzelne Mensch selbst leiste. Dann wäre Gnade allenfalls so etwas wie der äußere Anstoß zur Umkehr oder eine Art Katalysator der Eigenverantwortung. Es geht in diesen Beispielen um die Erkenntnis, daß der trinitarische Gott im Heiligen Geist auch dahin gelangt, wo der Mensch – nach unseren Maßstäben geurteilt – weit weg von ihm ist. Das Entscheidende wirken nicht „die Poren", die sich öffnen. Das Entscheidende wirkt das Wasser, das durch die geöffneten Poren in den verdorrten Boden gelangt. Aber wo immer sich eine Pore zu öffnen beginnt, da geschieht „das Beten im Heiligen Geist".

5. Kann ich beten?

In dem Sacro-Pop-Musical mit dem Titel „Menschensohn" werden sechs Typen „moderner Jugendlicher" vorgestellt. Zuvor hatte man über tausend junge Leute nach ihren Lebensgewohnheiten, nach ihrer Weltanschauung und auch ihrem Glauben befragt. Ihre Zuschriften wurden ausgewertet; und so entstand die folgende Palette:

Erster Typ: Die Rocker

„Hey, Buddy, schmeiß die Riemen auf die Orgel! Los, wir dreh'n ne Runde auf em Feuerstuhl. Komm, gib Gas, zisch ab, laß knacken. Hey, Buddy, hey Buddy, zeig, was deine Honda bringt." – Das ist die erste Strophe des Rockersongs.

Sie haben nicht viel Interesse, die Rocker. Sie leben in ihrer Clique, gehen zur Arbeit; meistens jedenfalls, weil es sich nicht vermeiden läßt. Sie leben ihr Hobby, ihr Rockerleben. Und sie schlagen zu, wenn ihnen etwas nicht paßt.

Eine Stimme hinter ihrer Bühne fragt ganz leise und dann immer lauter: *„Werden sie beten? Man rechnet eigentlich nicht damit. Warum?"*

Zweiter Typ: Flippy, der Gammler

Sein Song: „Ich steig aus. Ich hab die Schnauze voll. Ohne mich! Ohne mich! Ohne mich! Weißt du denn, was das soll? Der ganze Laden stinkt, stinkt, stinkt. Kannst ja doch nichts machen. Es bleibt alles, wie es ist!"

Flippy hat resigniert. Früher einmal hat er sich eingesetzt. Aber jetzt ist es aus damit: „Kannst ja doch nichts machen. Es bleibt alles, wie es ist."

Eine Stimme hinter seiner Bühne fragt zuerst leise und dann immer lauter: *„Wird Flippy beten? Man rechnet eigentlich kaum damit. Warum?"*

Dritter Typ: Vorner, der „Leister"

Der Chef hat entdeckt, daß Vorner „was werden könnte". Er ist „jung und dynamisch, der gemachte Mann". Und Vorner besucht Schulen und Abendkurse, er „wird etwas, kriegt 'nen Schreibtisch und ein Telefon und 'ne Tipse, die steno-graphieren kann". Er selbst singt nicht. Aber seine Kollegen haben ihren Song:

„Da läuft er nun auf seiner Laufbahn und läuft und läuft und läuft sich krumm, den Buckel nach oben und nach unten treten und keine Zeit für die Frage: Warum?"

Eine Stimme hinter seiner Bühne fragt zunächst leise und dann immer lauter: *„Wird Vorner beten? Man rechnet eigentlich kaum damit. Warum?"*

Vierter Typ: Die Ausgebeutete

Ihr Song: „Ich bin so müde. Es ist viel zu tun. Immer das gleiche, das Gleiche, noch einmal das Gleiche. Ich bin so müde, so unendlich müde."

Sie ist der Maschinerie der Industriegesellschaft hilflos ausgeliefert. Sie kennt sich nicht aus. Sie hat keine Initiative, keine Freude an ihrer Arbeit, keine Freunde.

Eine Stimme hinter ihrer Bühne fragt zunächst leise und dann immer lauter: *„Wird sie beten? Man rechnet eigentlich kaum damit. Warum?"*

Fünfter Typ: Theo, der Bürgerliche

Theo hat festgestellt, daß alle, die sich engagieren – ganz gleich ob in Sport, Politik oder Kirche – auch eine Menge investieren müsen. Sein Entschluß ist sein Song: „Theo, hab ich mir gesagt, laß die Finger von die Dinger! Fernseh gucken und ne Pulle voll Bier, sowat lob ick mir!"

Eine Stimme hinter seiner Bühne fragt zunächst leise und dann immer lauter:

„Wird er beten? Man rechnet eigentlich kaum damit. Warum?"

Sechster Typ: Maria, die Suchende

Sie kann einfach nicht glauben, daß alles sinnlos ist. Sie will auch nicht aufgehen im Vordergründigen ihrer Arbeit. Sie will auch ihre Enttäuschungen nicht siegen lassen über ihre Sehnsucht nach Freude.

Ihr Song: „Ich suche, ich suche, ich suche. Und ich gebe

nicht auf. Ich suche nach dem Sinn, nach dem Weg und der Wahrheit, nach der Freude, die bleibt."

Eine Stimme hinter ihrer Bühne fragt zunächst leise und dann immer lauter: *„Wird sie beten? Man rechnet eigentlich schon damit. Warum?"*

Manchem Leser mag diese Palette gekünstelt und allzu inszeniert erscheinen. Aber hier wird – sehr anschaulich – eine für unser Thema entscheidende Frage thematisiert: nämlich die nach den Voraussetzungen des Betens.

Erste Voraussetzung: Das Geschenk der Liebe

Die meisten dürfen es irgendwann unmittelbar erleben: das Ereignis der Geburt eines Menschen. Ein kleines, zerbrechliches, von allen Seiten gefährdetes Wesen ist auf die Welt gekommen. Ich habe es mir oft von jungen Eltern erzählen lassen: Wenn der Augenblick da ist, schauen sie nicht nur auf das „Allerinteressanteste" – ist es ein Junge oder ein Mädchen? –, sondern überhaupt darauf, ob alles „ganz" ist. Denn auf einmal ist nichts so ganz selbstverständlich. Die stolzen Eltern nehmen das kleine Wesen sozusagen rundherum an. Sie ahnen, daß in diesem zappelnden Kleinen etwas in die Welt gekommen ist, was mit dem Anfang der Schöpfung zu tun hat, etwas, das ganz und gar einmalig ist. Da ist ein Mensch geboren worden, dem ich einen Namen geben kann, den ich bei der Hand nehmen und mit dem ich viele Schritte gehen werde, der bald seine Augen aufmachen und dessen Mund bald Worte formen wird. Es wird die Zeit kommen, da wird zwischen ihm und mir ein Ich und ein Du möglich sein. Und durch alle Erkenntnisse der Biologie hindurch staunen wir und sagen: Das ist ein Wunder! Das ist etwas ganz und gar Einmaliges.

Was das wirklich heißt, wird mir jedesmal bewußt, wenn ich ein Kind taufen darf. In der Taufe sagt Christus zu diesem einzelnen Kind: „Ich kenne dich. Ich habe dich von jeher geliebt. Ich habe dich bei deinem Namen gerufen. Ich weiß um das Wesentliche, an dem man dich erkennt. Ich will, daß du da bist."

Wenn es nicht zu kitschig klingt, darf man sogar sagen: Gott ist verliebt in dieses Kind. Denn „verliebt sein" bedeutet doch: In einem Menschen etwas sehen, was die meisten anderen nicht sehen, und zwar das Eigentliche, das Wesentliche, das, was ihn unterscheidet und einmalig macht. Dies wirklich glauben zu können, daß Gott „in mich verliebt ist", scheint mir die *Grundvoraussetzung* für das Beten-Können.

Viele Menschen – zum Beispiel die im Sacro-Pop-Musical „Menschensohn" vorgestellten Jugendlichen – machen andere Erfahrungen als die, angenommen, geschätzt und geliebt zu sein; Erfahrungen wie diese: Fertig sein mit der Schule; und dann keine Arbeit finden. Arbeit finden; aber was für eine! Lernen; und nicht wissen wofür. Sich engagieren; und dann doch allein sein. Heimkommen; und keiner versteht einen. Eine Freundschaft haben; und dann enttäuscht werden. Sollen, müssen, wollen; aber nicht können. In den Spiegel schauen; und sich selbst nicht mögen.

Wenn es einen Grundzug des historischen Jesus gibt, der auch unter den Exegeten völlig unbestritten ist, dann die Tatsache, daß Jesus jeden einzelnen Menschen so angeschaut hat, daß der sich nicht nur ganz und gar durchschaut, sondern – wenn dieser Ausdruck erlaubt ist – auch ganz und gar „durchliebt" wußte. Das gilt nicht nur von den Zwölfen. Das gilt auch von dem Zöllner Zachäus, von der Ehebrecherin und dem Schächer, der neben ihm gekreuzigt wurde.

Wenn man sich in Jesus hineinversetzen darf, dann – so meine ich – sagt er mit jedem Blick auf den einzelnen Menschen: „Denk daran! Du bist mehr als Dein Aussehen, mehr als Deine Leistung, mehr als Dein Erfolg, Du bist etwas ganz und gar Einmaliges. Und denk daran: Man sieht nur mit dem Herzen gut. Das Wesentliche, das Einmalige, ist für die äußeren Augen unsichtbar. Und denk daran: Gott sieht dich mit dem Herzen. Und deshalb darfst auch Du Dich mit dem Herzen sehen."

Zu dem Beten, das Ausdruck einer Haltung wird, gehört ganz wesentlich das Sehen mit den Augen Christi. Wer sich selbst mit diesen Augen sehen lernt, wird immer weniger von Zufällen sprechen.

Ist es Zufall, daß ich mit diesen Begrenzungen oder diesen Behinderungen geboren wurde? Ist es Zufall, daß ich diese und keine anderen Eltern hatte? Ist es Zufall, daß mir diese oder jene Krankheit zugemutet wurde? Ist es Zufall, daß ich dieses oder jenes Ziel nicht erreicht habe? Ist es Zufall, daß mein Vater so früh starb?

Zweite Voraussetzung: Das Geschenk des Glaubens

In einer der bilderreichen Parabeln des dänischen Schriftstellers Jens Johannes Jörgensen heißt es: „An einem sonnigen Herbsttag segelte eine gut genährte Spinne durch die milde Luft und landete schließlich in einer Hecke. Sie ließ sich zappelnd und tastend weit hinab und baute sich ein wundervolles Nest, in das sie sich behaglich setzte. Die Zeiten waren gut, und es flog ihr viel kleines Getier in die feinen Maschen. Eines Morgens – der Tau glänzte wie Perlen im Netz – wollte die Spinne ihre Wohnung inspizieren. Sie lief auf den engen Straßen ihrer Netzfäden herum wie eine Seiltänzerin und guckte überall hin, um festzustellen, ob alles in Ordnung sei. Da kam sie an einen Faden, der grade in die Höhe lief und bei dem sie nicht erkennen konnte, wo er eigentlich endete. Sie starrte in die Höhe mit all ihren vielen Augen; aber sie entdeckte kein Ende. Sie schüttete den Kopf und fand diesen Faden einfach sinnlos. Verärgert biß sie ihn durch, – und dann lag sie im Staub, eine Gefangene im eigenen Netz."[48]

Als ich diese Geschichte einer Firmgruppe aus meiner früheren Gemeinde vorlas, meinte ein Vierzehnjähriger spontan: „Was heißt hier ‚im Staub liegen'! Ich lebe ohne Faden nach oben, und es geht mir prächtig."

Mir scheint: Dieser Junge hat ausgesprochen, was viele – bewußt oder unbewußt – praktizieren. Denn wahrscheinlich bilden sie die Mehrheit: diejenigen, die meinen, daß zu den Realitäten des Lebens nur das zählt, was man sehen, greifen, begreifen und machen kann; daß alles, was ich nicht sehen und hören und greifen kann, unwirklich und deshalb ohne Bedeutung ist. Wir alle sind versucht, immer wieder so zu denken. Denn die sichtbare, greifbare und machbare Welt drängt sich auf, nimmt uns buchstäblich in Beschlag, beschäftigt und fasziniert uns: diese Arbeit, das neue Auto, diese Krankheit, das Examen, und vor allem das Geldverdienen, das Geflecht von Angebot und Nachfrage, die Lohn- und Preisspirale und der Urlaub. Diese Welt greift nach uns, und deshalb sind viele der Meinung, daß dies einfach Vorhandene, Zählbare, Verwertbare, Nachweisbare, Machbare das einzig Wirkliche sei.

Das lateinische Wort „credo" beschreibt nicht nur etwas anderes, sondern das glatte Gegenteil. Mit dem Wörtchen „ich glaube" bekenne ich, daß ich Sehen und Hören und Greifen und Machen nicht als das Alpha und das Omega der Welt betrachte, sondern im Gegenteil: daß das nicht zu Sehende, nicht zu Hörende und von mir nicht Machbare das eigentlich Tragende und mein Leben erst Ermöglichende ist. Demnach bin ich sehr blind, wenn ich nur dem traue, was ich selbst beherrsche, bin ich gefangen im eigenen Netz, wenn ich den „Faden nach oben" zerreiße.

Statt diesen Befund theoretisch zu reflektieren, greife ich abermals zu einem Bild: Stellen wir uns zwei Jungen vor, die auf eine alte Mauer geklettert sind. Die beiden sind nicht miteinander verwandt, aber sie passen gut zusammen. Sie haben beide den naiven Mut derer, die nicht wissen, was passieren kann. Es ist ihnen natürlich streng verboten, auf der verfallenen Mauer zu spielen. Aber das macht es reizvoll. Sie jagen sich über die Trümmer, spucken hinunter und beweisen sich gegenseitig, daß sie keine Angst haben. Sie kommen an das Ende der Mauer und schauen hinunter. In diesem Augenblick bricht hinter ihnen ein Teil zusammen, über den sie gerade noch gelaufen sind. Auf einem Kegel in fünf Metern Höhe gefangen beginnen sie um Hilfe zu rufen. Sie werden gehört. Ein kräftiger junger Mann kommt, stellt sich an den Fuß des Kegels, breitet die Arme aus und ruft: „Springt! Ich fange euch auf."

Ein Sprung aus fünf Metern Höhe ist auch für einen Erwachsenen schon eine Art Todessprung. Für einen kleinen Jungen, der seinen Mut verloren hat, grenzt die Forderung ans Unmögliche. Aber nun begibt sich etwas Bemerkenswertes: Die beiden Jungen waren, wie gesagt, einander sehr ähnlich. Sie hatten beide denselben Schneid. Trotzdem verhalten sie sich in der geschilderten Situation völlig unterschiedlich. Der eine tritt an den Rand des Mauerkegels und springt, ohne auch nur einen Moment zu zögern. Der andere versucht es erst gar nicht. Er kauert sich weinend zusammen und wartet auf die Feuerwehr. Frage: Warum hat der eine Junge den Mut zum Sprung und der andere nicht? Des Rätsels Lösung: Der eine Junge springt, weil der Mann, der unten mit ausgebreiteten Armen auf ihn wartet, sein Vater ist. Der andere Junge kann nicht springen, weil er den Mann da unten nicht kennt.

Er sieht, daß der Freund unten heil ankommt. Er weiß – mit dem Kopf –, daß der Sprung nicht zu gewagt ist, daß der Mann da unten kann, was er verspricht. Er weiß: Das geht. Aber er springt nicht. Denn: Glauben ist mehr als Wissen. Nicht weniger, sondern mehr!

Ich habe mit den Firmlingen, denen ich die Geschichte von der Spinne und dem Faden nach oben vorgelesen habe, ein Experiment gemacht. Jedem wurde gesagt: Hinter dir steht einer, der kräftig genug ist, dich aufzufangen, wenn du dich – mit verbundenen Augen – hintenüber fallen läßt. Der einzelne Firmling wußte – mit dem Kopf: Der, der hinter mir steht, ist stark genug. Und trotzdem: Kaum einer ließ sich wirklich „hintenüber fallen". Denn: Glauben ist mehr als Wissen, viel mehr!

Zu dem Wort „Glaube" fiel den Firmlingen zunächst nur das ein, was die statistische Mehrheit mit diesem Wort verbindet: Gottesdienst, Messe, Regeln, Gebote, Kirche. Nach dem besagten Experiment aber wollten sie wissen, wo denn der Unterschied zwischen dem Glauben an Sätze und Regeln und dem Glauben, „der sich hintenüber fallen läßt", liege.

Die Firmlinge haben die Antwort selbst gesucht und so formuliert:

„Man kann jeden Sonntag zur Kirche gehen, weil man vertraut sein will mit Christus, – aber auch deshalb, weil Eltern und Kirche das so wollen. Man kann das Morgen- und Abendgebet so sprechen, daß deutlich wird: Hier will einer seinen Tag nicht beginnen und nicht beenden ohne Christus. Und man kann das Morgen- und Abendgebet auch zu einer Schablone verkümmern lassen. Man kann in den Geboten der Heiligen Schrift und der Kirche Wegweiser zu Christus sehen. Man kann aber auch den Eindruck erwecken, als bereue man, so katholisch erzogen worden zu sein."

Wenn Glaube zu einer abgestandenen Kommode auf dem Dachboden des Lebens geworden ist, wenn Glaube Formelkram, ein Register von toten Regeln und Lehrsätzen geworden ist, wenn Glaube Saisonbeschäftigung wird oder nur eine Verzierung bestimmter Festtage ist, wenn Glaube ein Bunker zum Verkriechen, ein Gängelband oder ein Ruhekissen wird, dann, ja dann, aber auch nur dann ist Glaube schwächer und weniger als Wissen.

Viele von den heranwachsenden jungen Leuten, die den Glauben über Bord werfen, wollen ja gar nicht die Vertrautheit mit Gott über Bord werfen, sondern nur die abgestandene Kommode, das bloße, tote Ritual, das Gebot ohne Sinn, die Heuchelei und die Fassade ohne Inhalt.

Ich sehe das gar nicht nur negativ. Gewiß, wenn junge Leute etwas über Bord werfen, was – wie sie so gern sagen – nur Theater, nur äußerliches Getue, nur Fassade ist –, dann haben sie deshalb noch keinen Glauben, der echt, der Vertrautheit mit Christus ist. Sie haben dann oft gar nichts mehr und suchen sich einen Ersatz, der sie nicht auffangen kann, sondern fallen läßt. Aber in dem Über-Bord-Werfen als solchem steckt eine ganze Portion Ehrlichkeit.

Wenn heute so viele junge Menschen keine kirchliche Eheschließung mehr wollen, dann kann das doch auch daran liegen, daß sie nie erlebt haben, was eine sakramentale Ehe ist – eine Ehe, die auf dem lebendigen, also betenden Glauben zweier Menschen beruht. Wo ist das denn greifbar, sichtbar, erlebbar, daß sich zwei Eheleute eben nicht nur auf sich selbst verlassen, sondern mehr als auf sich selbst auf Christus? Wenn junge Leute nicht glauben können, daß ihre Partnerwahl etwas mit Christus zu tun hat, und daß man eine kirchliche Ehe nur führen kann im gemeinsamen Vertrauen auf Christus, dann sind sie doch sehr ehrlich, wenn sie keine Fassade wollen, keinen Sakramentenempfang aus Gründen der Konvention.

Oder nehmen wir das Sonntagsgebot: Ist da zu Hause von „Pflicht" die Rede oder von „Einladung Christi"? Haben Kinder über die Jahre ihrer Erziehung hinweg das Empfinden gehabt: Unsere Eltern gehen dahin, weil sie auch im Alltag mit Christus leben? Nicht wenige Eltern gehen nach langer Zeit wieder zur Kirche, weil ihre Kinder zur ersten hl. Kommunion gehen. Wenn das nur eine pädagogische Maßnahme und nicht der Wunsch ist, wieder selbst vertraut mit Christus zu werden, dann können sie sich das sparen. Kinder durchschauen sehr schnell, was echt und was unecht ist. Und im Gegensatz zu früheren Zeiten scheuen sie sich von einem gewissen Alter an nicht, das Unechte auch gegen alle Konvention über Bord zu werfen.

Im Blick auf die soeben erwähnten Firmlinge habe ich mich gefragt: Wie soll bei ihnen Glaube mehr sein als Wissen, wenn sie nie die Gelegenheit hatten, mit Christus vertraut zu werden; wenn es zu Hause heißt: „Geh mal lieber zum Firmunterricht; vielleicht wirst du sonst nicht kirchlich getraut!"; oder wenn zu Hause die Ostereier wichtiger sind als die Auferstehung Christi; wenn zusammen nie gebetet wird, wenn das, was Meiers oder Müllers meinen, wichtiger ist als das, was Christus sagt?

Wenn einer sagt: „Ich kann nicht glauben, daß Christus in der Eucharistiefeier wirklich zu mir kommt, daß Christus etwas zu tun hat mit meiner Partner- oder Berufswahl, daß er mich hört oder gar handelt, wenn ich ihn bitte", dann ist das zunächst einmal eine ehrliche Antwort, die Respekt verdient. Glauben kann man nicht machen. Glauben ist ein Geschenk.

Wichtigeres können Eltern ihren Kindern kaum schenken als jenes Vertrauen, das der Junge hatte, der sich ohne Zögern den ausgestreckten Armen seines Vaters anvertraut hat. Darin steckt mehr als die Überzeugung, daß da einer ist, der mich nicht fallen läßt. Darin steckt auch die Befähigung, sich loszulassen und zu wagen. Glauben ist ja „sich verlassen" im wahrsten Sinne dieses Wortes: sich selbst loslassen und sich einlassen auf Arme, die nicht die eigenen sind.

Die Psychologen bestätigen unisono: Ein Kind lernt viel mehr als der Erwachsene mit der ganzen Existenz, nicht nur mit dem Kopf. Wenn wir Erwachsenen eine Sprache lernen, dann vergleichen wir die Vokabeln der anderen Sprache mit denen der eigenen. Wir lernen mehr reflexiv, ein Kind mehr intuitiv. Eine Mutter spricht mit ihrem Kind schon lange, bevor dieses im reflexiven Sinn versteht. Das Kind wächst sozusagen in die Worte seiner Mutter hinein. Wenn Eltern sich in Gegenwart ihres Kindes ständig streiten, nimmt das Kind die Disharmonie in sich auf. Denn es ist empfindlich wie ein Geigerzähler. Es atmet seine Umgebung geradezu ein. Das gilt im Positiven wie im Negativen. Wenn eine Mutter mit ihrem Kind betet, hat sie mehr für dessen Glauben getan als jeder Priester und Religionslehrer je tun kann.

Christa Meves meint nachgewiesen zu haben, daß Kinder, die in den ersten Lebensjahren durch ihre Eltern beten gelernt haben, die Gruppe in unserer Gesellschaft bilden, in der Psychiater nichts zu tun haben, Selbstmord praktisch nie vorkommt und eine Scheidung höchst selten ist.

Wie dem auch sei: Das Institut der in allen christlichen Konfessionen praktizierten Kindertaufe basiert ja auf der Tatsache, daß Kinder den Glauben ebenso empfangen wie zum Beispiel ihre Sprache. Niemand kommt auf den törichten Gedanken, ein Kind nicht sprechen zu lehren, damit es im Alter von vierzehn Jahren selbst wählen könne, ob es Deutsch, Englisch oder Französisch als Muttersprache bevorzuge. Wir übernehmen das Sprechen zunächst von unseren Eltern – bis in die feinsten Nuancen des Dialekts. Und dennoch wird das Übernommene das Eigene. Wir können überhaupt nur eine andere Sprache lernen, wenn wir schon eine eigene haben. Ganz ähnlich ist es mit dem Glauben. Die Tatsache, daß ein Kind den Glauben empfängt, heißt keineswegs, daß das Empfangene nicht das Eigene wird. Wer nie beten (glauben) gelernt hat, kann sich weder für noch gegen seinen Glauben entscheiden. Er weiß ja gar nicht, was der jedes Wissen sprengende Glaube ist.

Dritte Voraussetzung: Das Geschenk der Hoffnung

Die gegenwärtige Krise des Bußsakramentes hat gewiß zahlreiche Gründe. Aber die entscheidende Ursache liegt in der Krise des persönlichen Betens. Zwischen der Verdunstung des Glaubens, der Einstellung des Betens und den leer gewordenen Beichtstühlen gibt es mehr als einen Zusammenhang.

Wenn wir uns das eigene Leben einmal bildlich vorstellen als Weg, dann gibt es auf diesem Weg auch Stationen, auf denen wir gleichsam anhalten und fragen, wo wir sind. Jede Beichte ist eine solche Station.

Wer sich wenigstens einmal am Tag fragt: „Was, Herr, hättest Du heute an meiner Stelle gesagt, getan, geplant, gedacht?"; wer sich wenigstens einmal am Tag dem Blick Jesu Christi aussetzt, wird niemals zu denen gehören, die mit ihrem Christentum stehen bleiben. Man kann nicht wirklich beten und alles so lassen, wie es ist. Man kann sich nicht täglich der Kritik Christi aussetzen ohne den Vorsatz, etwas ändern zu wollen. Und wer um seine Sünde weiß, der wird sich nicht zufrieden geben mit der bloßen Vermutung, Christus habe ihm verziehen; der wird dankbar sein, daß Christus seine Absolution an die hörbaren Worte eines Priesters gebunden hat, der nicht zu irgendwem, sondern zu ihm persönlich ein Wort spricht, das bewirkt, was es bezeichnet.

Wenn Beichte persönliche Begegnung mit der Liebe Christi ist, dann entspricht es sicher nicht seinem Willen, in skrupelhafter Ängstlichkeit hinter allem persönlich schwere Schuld zu wittern und mehr auf die eigenen Fehler als auf seine verzeihende Liebe zu blicken. Aber zu einer Freundschaft gehört auch die radikale Ehrlichkeit.

Von Kindern, die gar nicht so selten ein Verhältnis zu Christus wie zu einem guten Freund haben, kann man lernen, was solche Ehrlichkeit ist. Kinder können erzählen. Im vergangenen Jahr kam vor Ostern ein kleiner Junge zu mir in den Beichtstuhl und erzählte: „Ich habe während der ganzen Fastenzeit kein Bonbon gegessen; aber einmal bin ich an das Glas meiner Schwester gegangen, habe ein Bonbon aus dem Papier gewickelt, es in den Mund gesteckt, und dann – weil ich ein schlechtes Gewissen bekam – wieder aus dem Mund genommen, wieder in das Papier gewickelt und in das Glas meiner Schwester zurückgelegt."

Erst mußte ich lachen; aber dann bin ich doch recht nachdenklich geworden. So ehrlich, so voll Vertrauen erzählt ein Kind, wie es auf seine Weise aus bestimmtem Anlaß gegen sein Gewissen gehandelt hat. Ist mein eigenes Verhältnis zu

Christus so, daß ich Ihm erzählen kann, wer ich wirklich bin?

Ob im Gebet oder in der Beichte: Die ehrliche Konfrontation meiner Wirklichkeit mit der Liebe Christi hat Konsequenzen. Stell dir vor – so schreibt der anglikanische Schriftsteller Clive Staples Lewis[49] – du wärest ein Haus, und Christus käme in dieses Haus. Zunächst würdest du noch verstehen, was er täte. Er würde dieses oder jenes reparieren. Aber dann geschähe etwas Neues: Dort würde eine neue Decke eingezogen; da entstünde ein Anbau, dort ein Hof, da ein neues Dach. Du wolltest ein kleines bescheidenes Häuschen bleiben. Und Er macht aus dir einen Palast.

Viele Menschen – so weiter Lewis – haben so wenig Freude an ihrem Christentum, weil sie sich der verwandelnden, lossprechenden, neumachenden Liebe Christi nicht wirklich anvertrauen; „weil sie ohne *Hoffnung* leben"! Sie wollen wohl Christen sein, aber eben nur halb: „nichts übertreiben, mindestens ein Bein aus dem Christentum heraushalten". Sie sind wie ein Ei, das fliegen möchte, aber sich nicht ausbrüten läßt. Und dabei ist es relativ leicht für ein Ei, ein Vogel zu werden; jedenfalls viel leichter als das andere: ein Ei bleiben und zugleich fliegen zu wollen. Beides geht nicht: Man kann nicht Christ sein wollen, und gleichzeitig bleiben wollen, wo man ist.

Eigentlich – so beginnt Richard Bach seine Parabel von der „Möwe Jonathan"[50] – *hatte alles ganz normal begonnen. Jonathan war aus dem Ei geschlüpft wie jeder andere Vogel. Dann hatte er mit den anderen im Nest gesessen und den Eltern den offenen Schnabel entgegengestreckt. Er war gewachsen und hatte mit den anderen zusammen die ersten Flugübungen gemacht. Die Flügel wuchsen und ihre Kraft nahm zu. Gleichzeitig wuchs in ihm aber auch ein seltsamer Durst. Ihn dürstete nach kristallklarem frischem Quellwasser. Er wußte nicht, woher dieser Durst kam. Noch ahnte er auch nicht, daß nicht alle Vögel diesen Durst kannten. Sie tranken alle aus den umliegenden Pfützen oder aus dem nahegelegenen Teich. Wenn er nach frischerem Wasser fragte, lachten die meisten über ihn und schüttelten den Kopf. Es gab doch so viele Pfützen. Wie konnte er da noch durstig sein? Einige lachten nicht; denn sie kannten auch diesen Durst nach dem frischeren Wasser. Aber sie hielten diesen Durst für einen Wunschtraum, für eine Utopie. Der Durst des kleinen Jonathan wuchs so sehr, daß er beschloß, die eine Quelle zu suchen. Nachdem er einige Flugstunden weit war, sah er in der Ferne einen gewaltigen Strom sich zwischen den Wiesen dahinwinden. Er kostete das Wasser. – Ja, es war frischer als das Wasser in den Pfützen; aber doch noch nicht so, wie er es ersehnte. Man sagte ihm, er müsse dem Fluß aufwärts folgen; dann werde das Wasser immer frischer und klarer. Mit dieser Auskunft mußte er sich auf den Rückweg machen. Die meisten lachten über ihn, weil sie seine strahlenden Augen, in denen Hoffnung glühte, nicht sahen. Jonathan flog nun täglich zu dem großen Strom; und er kam täglich etwas weiter. Er wäre gern dort geblieben; aber er dachte an die, die keine Hoffnung hatten, Wasser für ihren Durst zu finden.*

Wie sie ausgeht, die Geschichte von der Möwe Jonathan, sagt uns Bachs Erzählung nicht. Aber ich bin sicher, daß Jonathan sein Ziel erreicht hat.

Vierte Voraussetzung: Die umgekehrte Perspektive

Es liegt wohl nicht nur an der Jahrtausendwende, wenn von allen möglichen Analytikern und Kommentatoren ein „neues Zeitalter" angekündigt wird. Unter dem Etikett „New Age" sammeln sich alle möglichen Gruppen und Grüppchen, die mit ihrem Kampf gegen die technische Vernunft die Rückkehr zu einem „ganzheitlichen Denken" fordern. *Wogegen* sich Aussteiger aller Art wenden, ist klar.

Aber was sie *positiv* wollen, zeichnet sich kaum oder gar nicht ab. Vieles spricht dafür, daß die sogenannte Postmoderne der paradoxe Versuch ist, mit den Mitteln der Moderne die Moderne zu überwinden[51]. Wie dem auch sei, jedenfalls fehlen die Kennzeichen, mit denen sich das „New Age" positiv beschreiben ließe.

Der Begriff „Geistesgeschichte" setzt voraus, daß jede Zeit von bestimmten Denkformen, von einer ganz bestimmten Weise des Denkens, Sprechens, Planens, Verhaltens geprägt ist. Ein Mensch des 13. Jahrhunderts zum Beispiel *konnte* über das Verhältnis von Staat und Kirche nicht so denken wie ein Mensch des 20. Jahrhunderts. Von daher dürfte die Rückfrage aufschlußreich sein: Was liegt den mannigfaltigen Phänomenen, die man mit dem Etikett „New Age" versieht, geistesgeschichtlich zugrunde?

In der Antike und im Mittelalter wurde einfach vorausgesetzt, daß alle Dinge, bevor sie entstanden, gedacht wurden; daß deshalb alles Seiende sinnvoll ist; daß der nach Wahrheit suchende Mensch die Gedanken des Schöpfers nur „nach-denken" muß, um zum Wesen der Dinge zu gelangen. Nicht die Wissenschaft von den zuhandenen Dingen, nicht die Naturwissenschaft, sondern die „Meta-Physik" (die Lehre von dem, was „hinter" der äußeren Erscheinung der Dinge als deren Wesen verborgen liegt) war im Mittelalter die Königin der Wissenschaften.

Wenn man „von Gott her" denkt, steht der Glaube am Anfang, und aus dem Glauben an den Gott, der alles schuf, ergibt sich das Wissen um die geschaffenen Dinge. Wenn man aber umgekehrt „vom Menschen her" denkt, dann ergibt sich wie von selbst die Unterscheidung zwischen der Wirklichkeit Gottes und der Wirklichkeit des Menschen. Das Spätmittelalter resigniert vor der Frage, was Gott sich gedacht hat, als er die Dinge schuf. Die Schöpfung ist einfach das Faktische. Gott hätte auch ganz andere Fakten schaffen können. So gesehen ist die Schöpfung keine Offenbarung, sondern das weite Feld des Zufälligen, in dem der Mensch

Ordnung schaffen muß. Nicht was die Dinge an sich sind, sondern was sie für den Menschen bedeuten, ist von da an Gegenstand der wissenschaftlichen Neugier. Die Begriffe gelten nicht mehr als Gefäße der Wahrheit, sondern als künstlich geschaffene Mittel des Ordnens.

Doch je weiter es der Mensch mit dem experimentierenden Erforschen der Fakten gebracht hat, je exklusiver er das Wahre mit dem von ihm selbst Machbaren gleichgesetzt hat, desto deutlicher hat er seine vermeintliche Einmaligkeit relativiert. Der Mensch selbst gilt als machbar – in den Experimenten der Psychoanalytiker und Soziologen, der Gentechniker und Informatiker. Und was machbar ist, ist auch ersetzbar, austauschbar, jedenfalls nicht einmalig.

Die Folgen sind:
– auf der einen Seite: Resignation, Rückzug ins Private, Kultivierung der verbliebenen Individualität, Ausstieg, Esoterik;
– auf der anderen Seite: Angst, vom anderen – und das ist immer der Rivale – ersetzt zu werden. Aus Angst ersetzt zu werden, wird der Verängstigte selbst zum Ersetzenden; und seine Tragik liegt darin, daß er damit nicht nur den Konkurrenten, sondern auch sich selbst zu etwas Ersetzbarem entpersonalisiert. Denn er wird identisch mit den Dingen, mit denen er den anderen „ausstechen" will: Erfolg, Geld, Posten, Aus- und Ansehen. Je mehr er seine eigene Einmaligkeit „machen" will, desto weniger ist er „er selbst".

Viele Psychologen unserer Tage dokumentieren, daß immer weniger Menschen sich selbst liebend bejahen und trotz aller Enttäuschungen annehmen können. Ein Mensch, der sich selbst nicht mit gütigen Augen sieht, erwartet auch vom anderen diese gütigen Augen nicht, sondern flieht in eine Defensiv- oder Offensivhaltung. Der andere wird zum Gegner. Mangelndes Selbstwertgefühl bedeutet Angst: Angst, die Wahrheit zu offenbaren; Angst, Fehler einzugestehen; Angst vor der Überlegenheit des Nächsten;

Mißtrauen; Aggressivität; und vor allem Einsamkeit. Es fehlt die Erfahrung der nicht konkurrierenden oder rivalisierenden Gegenwart eines Menschen, der mich so annimmt wie ich bin.

In diesem Zusammenhang möchte ich erinnern an die seinerzeit viel diskutierten Analysen der russischen Emigrantin Tatjana Goritschewa mit dem Titel „Von Gott zu reden ist gefährlich. Meine Erfahrungen im Osten und im Westen". Ihre Kritik, so meine ich, sollte nicht voreilig mit dem Etikett einer konservativen Konvertitin abgetan werden. Ich fasse im folgenden einige ihrer detaillierten Beobachtungen zusammen – hoffentlich, ohne sie zu verfälschen.

Mich hat nicht so sehr bewegt, was diese ehemalige Dozentin einer atheistischen Weltanschauung über ein russisches Kind schreibt, das in der Schule seines Glaubens wegen drangsaliert wurde, oder über einen Priester, der von bezahlten Spitzeln des sowjetischen Geheimdienstes KGB mehrfach gefoltert und schließlich auf bestialische Weise ermordet wurde. Mich hat viel mehr bewegt, was sie, die zuvor ein westliches Land nie gesehen hatte, kurz nach ihrer Ankunft in Deutschland schreibt.

Da heißt es zum Beispiel: Über dem Frankfurter Bahnhofsgebäude sehe ich gigantisch leuchtend die Buchstaben MM. Ich frage meine Begleiterin: „Was ist das? Irgendein besonderes Symbol, eine Losung, etwas Bedeutendes?" Sie antwortet: „Das ist nur eine Reklame für Sekt." Tatjana Goritschewas Kommentar: *Über alles stülpt sich die Welt der Reklame. Man spricht mit geheimnisvoll suggestiver Stimme über das Banale, um das Unwichtige wichtig zu machen; über Waschpulver oder irgendwelche Bürsten. Aber über Dinge zu sprechen, die wirklich wichtig sind, schämt man sich. Sogar Priester schämen sich. Auf einem Ausflug der Pfarrgemeinde sprach der junge Geistliche über alles, was gerade gewünscht wurde, über Flugzeuge und Fußball, über die Wahlen und das Essen. Er bemühte sich, jeden zu erhei-*

tern. Und er lachte ohne Unterlaß. Nur über Gott sprach er nie.

Tatjana Goritschewa entdeckt in allen Facetten des westlichen Lebens die Verdrängung der metaphysischen Frage: „Was ist der Mensch?" Und weil sie im Osten die Alternative zur christlichen Antwort nicht nur aus Büchern kennen gelernt hat, erinnert sie den Westen an das Menschenbild des Nationalsozialismus.

„Mein Führer", heißt es in einem fingierten Dialog zwischen Goebbels und Hitler, „was ist Ihrer Meinung nach der Unterschied zwischen einem Tier und einem Menschen?" – Hitler: „Kommen Sie zur Sache, Goebbels! Ich habe keine Zeit für philosophische Seminare." – Goebbels: „Mein Führer! Verstehen Sie nicht, worauf ich hinaus will? Wenn der Mensch nichts anderes ist als das höchstentwickelte Säugetier, wenn er ganz einfach das Produkt der Evolution ist, das sich am erfolgreichsten durchgesetzt hat, dann darf das überlegene Tier das unterlegene Tier ausbeuten oder ausrotten. Dann ist Stärke Überlegenheit und Überlegenheit Moral."

Tatjana Goritschewa will sagen: Eine Moral, die davon absieht, daß Gott existiert und daß Gott die Liebe ist, hat ihre unerbittliche Logik. Und diese Logik heißt: Wenn der Mensch nichts anderes ist als das höchstentwickelte Tier, dann ist es „vernünftig", sozial unerwünschte Kinder, unheilbar Kranke und schließlich auch Gebrechliche und Alte – natürlich möglichst schmerzfrei – zu „entsorgen". Wenn dieses irdische Leben hier das einzige des Menschen ist, dann ist es „vernünftig", wenn jeder – auf Kosten von wem auch immer – oben sein will.

Tatjana Goritschewa kommentiert: *Die Moral der atheistischen Regime des Ostblocks funktionierte bei denen, die oben waren. Klüger sein als die anderen, fähiger, stärker, das war die Moral, die man mir beigebracht hatte. Nie jedoch hatte mir jemand gesagt, daß das Höchste im Leben nicht darin liegt, die anderen einzuholen oder zu besiegen, son-*

dern darin, sie zu lieben: zu lieben bis in den Tod, so wie der Eine, der Menschensohn, den ich damals noch nicht kannte. Als Alexander Solschenizyn das Manuskript seines Buches „Krebsstation" der Zensur vorlegte und als die ersten Abschriften von Hand zu Hand gingen, da war mir klar, daß dieses Buch es schwer haben würde, in der Sowjetunion gedruckt zu werden; nicht, weil es Mißstände schildert, weil es Funktionäre verspottet und eine andere Staatsform fordert; nein, weil die Moral der atheistischen Systeme des Ostblocks nur bei denen funktioniert hat, die oben (gesund, reich, mächtig, erfolgreich) sind.

Wenn Christus gerade die Kranken, die Lahmen und Krüppel und auch die Kinder in die Mitte gestellt hat, dann heißt das: Sie sind mehr wert als sie leisten; sie sind etwas ganz und gar Einmaliges; jeder einzelne von ihnen ist eine verborgene, aber gerade deshalb unersetzliche Sendung (Berufung) für die anderen.

„Denselben Christus, den wir zu Beginn jedes neuen Tages in der Eucharistie empfangen, berühren wir während des Tages in der Pflege unserer Siechen", schreibt Mutter Teresa. Sie hat auch gesagt, daß es in den reichen Ländern der angeblich so zivilisierten Welt des Westens viel mehr Kranke gibt als in den angeblich so unterentwickelten Ländern der sogenannten Dritten Welt. Sie hat uns hingewiesen auf das so vielfach verschüttete, so oft vergeblich gesuchte und in den seltsamen Phänomenen des „New Age" ersehnte Heil. Sie hat uns gelehrt, jeden einzelnen Menschen mit den Augen Jesu Christi zu sehen.

Ob jemand das Wort Gottes von der Kanzel verkündet oder Kranke, Alte und Behinderte pflegt, ob jemand in der säkularen Welt unserer Gemeinden als Katechetin arbeitet oder in einem Heim Kinder erzieht, es geht immer darum, daß der einzelne Mensch erfährt: Ich bin bejaht und gewollt.

Wer irgendwo aushält, obwohl er weglaufen möchte; wer den eigenen Ehepartner, die Mitschwester, den Mitbruder, die kranken Eltern, den vielleicht süchtigen Sohn oder alkoholkranken Vater nicht aufgibt; wer schon einmal gegeben hat, ohne zu rechnen; wer schon einmal verziehen hat, ohne nachzutragen; wer schon einmal geschwiegen hat, nachdem er ungerecht behandelt wurde; wer schon einmal Härte mit Güte besiegt hat, der betet wirklich.

6. Das Ostergeheimnis oder: Gottes Handeln in Christus

Alle bisher behandelten Fragen finden ihre Antwort im Christusereignis. Das aber vergegenwärtigt die Kirche in jedem Kirchenjahr an den großen Gedenktagen der Heiligen Woche und des Osterfestkreises: Palmsonntag, Gründonnerstag, Karfreitag, Ostern, Himmelfahrt, Pfingsten. Diese Tage sollen im folgenden nicht nur erklärt, sondern auch bezogen werden auf unser Thema: „Handelt Gott, wenn ich ihn bitte?"

Palmsonntag: Die Entdeckung des Weges

Christentum ist *Weg*. Natürlich könnte man auch sagen: „Christentum ist Christusnachfolge". Aber Christus hat von sich gesagt: „Ich bin der Weg" (Joh 14,6). Und die ersten Christen werden in der Apostelgeschichte „Anhänger des Weges" genannt. Das Lied des Apostels Paulus über den Weg, der Christus ist, das 13. Kapitel des ersten Korintherbriefes, beginnt mit den Worten: „Ich zeige euch jetzt noch einen Weg, einen der alles übersteigt!" Die großen Zeugen der Christuserfahrung sprechen vom Weg: Augustinus in seinen „Confessiones", Bonaventura in seinem „Itinerarium mentis in Deum" oder Ignatius von Loyola im „Bericht des Pilgers". Therese von Lisieux bezeichnet das Unterwegssein vom Abstrakten zum Konkreten als Erfahrung der reinen Freude. Der dänische Denker Sören Kierkegaard nennt sich einen Sehnsüchtigen, der immer wieder aufsteht und weitergeht. Und der französische Philosoph Blaise Pascal meint gar, es gebe kein Problem, das sich nicht im Gehen lösen lasse.

Am Beginn der Karwoche steht eine Prozession, die

Palmprozession. Das ist kein bloßes Sich-Erinnern an den Einzug Jesu in Jerusalem. Wir werden aufgefordert, *den Weg, der Jesus Christus ist*, „hineinzulassen" in unser eigenes Leben.

Mir scheint, daß die konkrete Bedeutung dieser abstrakt klingenden Erklärung klar wird, wenn wir fragen: Was eigentlich ist das Gegenteil von Weg, von Unterwegssein? Ich möchte darauf zunächst ganz schlicht antworten: Wer gefangen ist, kann nicht unterwegs sein; deshalb ist Gefangenschaft das Gegenteil des Weges. Und dies in mehrfacher Hinsicht. Denn: Es gibt Gefangene, die *dürfen* nicht unterwegs sein. Es gibt Gefangene, die *können* nicht unterwegs sein. Und es gibt Gefangene, die *wollen* nicht unterwegs sein.

An die erste Gruppe denken wir zunächst, wenn von Gefangenen die Rede ist: an die Eingesperrten, an Menschen hinter Gittern, oder an die Menschen, denen jede Zukunft, jede Hoffnung, eben jeder *Ausweg* verbaut ist durch die himmelschreienden Unrechtsstrukturen in allzu vielen Ländern dieser Erde. Wer Befreiungstheologie nicht nur aus Büchern kennt, sondern mit Menschen gesprochen hat, die nicht nur einen Urlaub lang, sondern Jahrzehnte bei in Slums geborenen, aufgewachsenen und gestorbenen Menschen ausgehalten haben, weiß, was Ausweglosigkeit im Sinne von Hoffnungslosigkeit bedeutet, und wie wenig es uns ansteht, über Menschen zu urteilen, die aus dieser Gefangenschaft gewaltsam ausbrechen, obwohl es in der Bergpredigt heißt: „Selig, die keine Gewalt anwenden!" Ich meine, über die, die nicht unterwegs sein dürfen, über die, denen von anderen der Weg verbaut wird, über die, die von der Justiz zu Recht oder häufig genug auch zu Unrecht eingesperrt sind, brauchen wir nicht lange zu reden. Zum einen wissen wir nicht, wieviele von ihnen stärker sind als alle Ketten, wieviele grundsätzlich darauf verzichten, Gleiches mit Gleichem zu vergelten, wieviele sich auch von den Mächtigsten nicht korrumpieren lassen, wieviele das Wenige, was sie haben, mit den noch Ärmeren teilen, wieviele Christus „hineinlassen" in ihr Gefängnis. Zum anderen hilft hier nicht Reden, sondern nur Tun. Die Misereor-Tüte kann die Antwort sein – wieviele Wege aus der Gefangenschaft Hoffnungsloser werden damit Jahr für Jahr ermöglicht! Und die Antwort kann vor der eigenen Haustür beginnen: Es müßte für jemand, der das Glück hat, in der Bundesrepublik zu leben, für jemand, dem alle Wege offen stehen, selbstverständlich sein, den Aussiedlern, und Asylanten, die ihre Heimat wohl kaum zum Vergnügen verlassen haben, Wege der Hoffnung zu ebnen, statt sie in Ghettos der Verachtung und Ablehnung zu pferchen. Sie zum Beispiel hat Christus gemeint, als er sagte: „Ich war im Gefängnis". Man muß wohl nicht weiter ausführen, wen er noch alles gemeint haben könnte. Man braucht keine Brille in unserer Gesellschaft, um wenigstens einen von diesen Gefangenen, die nicht unterwegs sein *dürfen*, zu entdecken.

Viele reden von Befreiungstheologie und denken dabei an die Gefangenen in Südamerika. Das ist gut und richtig. Aber Christentum ist immer konkret; das und nichts anderes meint Christus doch mit dem Wort „Nächster". Natürlich: Die Nächstenliebe wäre einfacher, wenn die Nächsten nicht so nahe wären. Aber Befreiung geschieht nun einmal nicht durch Resolutionen, Papers und Absichtserklärungen, sondern durch das, was Therese von Lisieux ihren „kleinen Weg" genannt hat: indem ich wenigstens einem Menschen irgendwie irgendwo, im übertragenen Sinn natürlich, aber sehr konkret und verläßlich und ausdauernd „die Füße wasche". Da geschieht dann tatsächlich Befreiung. Da kann dann einer wieder gehen, der keinen Weg und schon gar kein Ziel mehr sah.

Schauen wir auf die zweite Gruppe: auf diejenigen, die nicht unterwegs sein *können*. Sie sind schwerer zu entdecken, weil sie sich verstecken, weil sie sich schämen und Angst vor uns haben. Es gibt sie in jeder Gemeinde, womöglich in jeder Straße: Menschen, die zwar unterwegs sein möchten, aber nicht mehr unterwegs sein können: Da will einer nicht mehr trinken, nicht mehr zu den Tabletten, nicht mehr zur Nadel greifen, und er tut es dennoch immer wieder, immer wieder, so oft, bis er sich selber aufgibt, bis er sich kein Ziel mehr setzt, bis er stehen bleibt, bis er keinen Schritt mehr vorwärts, sondern nur noch rückwärts geht – hoffnungslos, ausweglos, weg-los. Es gibt unendlich viele sublime Formen der Sucht und Abhängigkeit in unserer äußerlich so freien, von jeder Form von Gefangenschaft befreiten Gesellschaft. Ich weiß es nicht, ich kann nur ahnen, was es heißt, aus den Gefängnissen der Sucht zu befreien, immer wieder an den anderen zu glauben, ihn nicht fallen zu lassen, ihn auch nicht einfach den Ärzten und Psychologen zu überlassen.

Mir ans Herz gewachsen ist die Mutter eines meiner früheren Studenten, der heute in der Drogenszene vor dem Frankfurter Bahnhof lebt. Diese Mutter geht täglich zur Eucharistiefeier und fährt wöchentlich einmal nach Frankfurt. Sie sagte mir: „Ich muß ihm wenigstens meine Treue zeigen und ihm sagen, daß ich ihn nicht aufgegeben habe." Ich weiß von dieser tapferen Frau, daß sie täglich Christus in ihr Leben „hineinläßt"; sonst könnte sie wohl nicht weitergehen und erst recht nicht glauben, daß Christus sich ihrer Treue bedienen kann.

Wenn irgendwo, dann gilt hier Christi Wort: Was du einem von ihnen getan hast, das hast du mir getan; denn ich war im Gefängnis, und du bist zu mir gekommen. Ich konnte nicht mehr unterwegs sein, aber du wurdest mir zum Weg aus meiner Gefangenschaft heraus.

Die Herrlichkeit des Herrn geschieht nicht auf den großen Bühnen, sondern im Verborgenen. Immer sind wir in Versuchung, sie außerhalb von uns selbst zu suchen. Da fährt man mit Bussen nach Medjugorje oder irgendwohin, wo ein Wunder geschehen sein soll, und meint, da die Herrlichkeit des Herrn zu sehen, vielleicht sogar fotografieren zu können. Nein, da ist sie nicht; aber z. B. da, wo eine Ehefrau ihren alkoholkranken Mann nicht im Gefängnis seiner Sucht allein läßt, sondern gemeinsam mit ihm einen neuen Weg sucht; oder eben da, wo irgendwer in irgendeiner Form ganz selbstverständlich ohne Aufhebens seinem Nächsten, den er sich nicht ausgesucht hat, die Füße wäscht. Da fahren keine Busse hin. Aber da ist die Herrlichkeit des Herrn; denn da war Er im Gefängnis, und Du bist zu Ihm gekommen.

Gefangene, die nicht unterwegs sein *dürfen*; Gefangene, die nicht unterwegs sein *können*; und Gefangene, die nicht unterwegs sein *wollen*.

Gefangen, weil man nicht mehr weiter *will* – vielleicht die grausamste und vor allem die häufigste Form der Gefangenschaft!

„Als ich heute morgen aufstand" – hat einer in sein Tagebuch geschrieben – „da habe ich mir gesagt: es wird mal wieder so sein wie an den anderen Tagen. Und tatsächlich, es ist genauso gewesen. Ich habe denselben Bus genommen wie jeden Morgen, habe dieselben Zeitungsartikel über die internationale Lage gelesen und erfahren, daß sie unverändert bleibt. Ich bin dieselbe teilnahmslose Treppe hinaufgegangen wie alle Tage, habe im Büro dieselben Akten vorgefunden, diese Akten, die sich seit Jahren bis auf den Buchstaben gleichen. Der Bürojunge war derselbe, der Personalchef ebenso. Alle hatten ihr normales Alltagsgesicht, das Gesicht der Tage, an denen man nichts Besonderes erwartet. Zu Mittag habe ich dasselbe gegessen wie gewöhnlich, es war Donnerstag. Dann wieder ins Büro, bis fünf. Dann habe ich pünktlich Schluß gemacht und gedacht: morgen wird alles wieder so sein."[52]

Was die hier geschilderte Öde zur Gefangenschaft macht, ist nicht das Eingespanntsein in die Routine des Alltags, sondern die Reduktion des Menschen auf seine Funktion. Er ist austauschbar wie ein Rad oder eine Glühbirne. Ihm kommt die Gewißheit abhanden, mehr zu sein als seine bezahlte Leistung. Vielleicht sagt ihm niemand mehr – nicht einmal indirekt: „Gut, daß du da bist!"

Die Gefangenschaft derer, die nicht mehr weitergehen wollen, wächst auch inmitten scheinbar intakter Ehen und Familien. Gewiß, eine Frau wird sich durch einen Ehebruch ihres Mannes tief beleidigt fühlen, aber viel schlimmer trifft es sie, wenn sie lebenslänglich spüren muß, daß er die Heirat mit ihr für die größte Dummheit seines Lebens hält. Oder ein Vater verletzt seinen Sohn wohl damit, daß er ihn einmal ungerecht bestraft, ungleich tiefer aber durch Mißtrauen. Und wieviele mag es geben, denen man schon deswegen das Weitergehenwollen verunmöglicht, weil man so tut, als seien sie Luft. Das ist wirklich Gefangenschaft. Er schnürt einem Menschen die Luft ab – dieser unterschwellige Zynismus, der dem anderen leise, aber gründlich beibringt: „Du bist eigentlich überflüssig; wenn du fehltest, würde dich keiner vermissen!" Wieviele wohl sind es, die nicht mehr weitergehen wollen, weil sie nie wirklich angenommen, bejaht, wenigstens einmal gelobt, ermutigt oder – gebrauchen wir an dieser Stelle ruhig dieses inflationär entwertete Wort – „geliebt" worden sind.

Der amerikanische Soziologe Neil Postman spricht von der Gefangenschaft derer, in denen keine Tiefe – geschweige denn Hoffnung – aufkommt. Es gibt einen praktischen Atheismus des Alltags voller „Uneigentlichkeit", in dem wir nicht mehr anwesend sind, nicht mehr bei uns selbst sind. Es gibt wohl auch ein Leben, das ganz in sich „gerundet" scheint, ohne jede Wunde, in langer Einübung „pflegeleicht" gemacht, ohne jeden Riß, scheinbar heil in sich stehend, jedes Kreuz abweisend. Es gibt die Lebenslüge, in der einer nicht mehr sehen will, daß sein Leben in einer tiefen Unaufrichtigkeit verschattet ist. Newman, der sich in seinen Betrachtungen in Jesus Christus hineinversetzt und dessen Worte zu ahnen sucht, läßt den Erlöser folgende Worte sprechen – im Blick auf die vielleicht subtilste Form der Gefangenschaft des Menschen: „Wenige werden bereit sein, mir sogleich zu öffnen, wenn ich an ihr Gefängnis klopfe. Sie fühlen sich wohl, so wie sie sind, und haben keine

Einwände dagegen zu erheben. Sie wollen nicht weitergehen. Sie wollen nichts verändern, vor allem sich selber nicht."[53]

Bisher habe ich es vermieden, irgendeine Gefangenschaft des Menschen als Sünde zu bezeichnen. Letztlich aber sind alle Gefangenschaften Folge eigener oder fremder Schuld. Zu Beginn der Woche, in der die Christenheit das Geheimnis der Erlösung feiert, stellen wir uns dieser Wirklichkeit.

Die Sünde – so bemerkt Sören Kierkegaard – hat zwar unzählige Gesichter, aber nur eine Ursache. Weil der Mensch das einzige Geschöpf ist, das nicht nur endlich *ist*, sondern auch um diese seine Endlichkeit *weiß*, kann er seine Erfüllung nicht im Endlichen finden, sondern streckt sich aus nach dem, was mehr ist als die vierzig, fünfzig oder achtzig Jahre, die er in dieser Welt lebt. Es bleibt ihm nur eine Alternative: Entweder streckt er sich aus nach Gott; oder er sucht das Absolute im Endlichen (in sich selbst, in einem anderen Menschen oder in Dingen, die er besitzen oder selber machen kann). Wer die Spannung zwischen Endlichkeit und Unendlichkeit aufhebt, will entweder verzweifelt er selbst sein (Fixierung auf die Endlichkeit) oder verzweifelt nicht er selbst sein (Flucht aus der Endlichkeit). Alle psychischen Krankheiten bzw. Neurosen resultieren aus dem Versuch, das Unendliche im Endlichen finden oder aus der Endlichkeit in eine transzendente Welt des Unendlichen fliehen zu wollen[54]. Aber die Gefangenschaft des Neurotikers ist keine bloße Krankheit. Am Anfang steht immer eine Weigerung; die nämlich, die eigene Endlichkeit anzuerkennen. Das Gegenteil dieser Weigerung ist der Glaube. Gemeint ist das Vertrauen darauf, daß uns das Nicht-Endliche, Unbedingte und Unvergängliche, wonach wir uns ausstrecken, geschenkt wird. Ob einer glauben kann, hängt nicht nur von ihm selber ab. Aber wer nicht glaubt, muß sich am Endlichen festhalten. Eugen Drewermann betont zu Recht, daß Verzweiflung nur aus der Perspektive des Glaubens als Sünde erkannt wird. Wer sich auf Grund seines Glaubens an

Gott als ein Geschöpf annehmen kann, das seine eigene Erfüllung nicht selbst erreichen oder machen kann, erkennt alle Versuche, den Sinn des Daseins (die eigene Identität) selbst leisten zu wollen, als Sünde. Und umgekehrt: Wer nicht an Gott glaubt, ist blind für die Wirklichkeit der Sünde, weil er ohne Gott dazu verurteilt ist, den Sinn seines Daseins selbst zu „machen". Wer verzweifelt er selbst sein will oder verzweifelt nicht er selbst sein will, baut die Mauern seines eigenen Gefängnisses. Und ausweglos erscheint das Gefängnis der Verzweifelten.

Frage: Ist Jesus Christus der Weg auch aus diesem Gefängnis? Warum überhaupt ist er *der* Weg? Warum nicht einer unter vielen?

Ist der Glaube an Jesus Christus als *den* Weg bloßes Dogma oder nur ein frommer Wunsch, der dem Leben nicht standhält? Opium für alle, die nicht stark genug sind für die Wirklichkeit? Verdummende Verströstung für solche, die im Leben zu kurz gekommen sind?

Arno Schmidt – allergisch gegen alle „dicken Worte" – formuliert seine Antipathie gegen den Selbstanspruch Jesu einigermaßen drastisch: „Was würden", so fragt er, „wir heute sagen, wenn ein junger Mann aus irgendeinem unbedeutenden Zwergstaat käme; einem der immer wieder vorhandenen und nicht nur ‚wirtschaftlich unterentwickelten' Ostgebiete; keiner der großen Kultursprachen mächtig; völlig unbekannt mit dem, was in Jahrtausenden Wissenschaft, Kunst, Technik, auch frühere Religionen geleistet haben – und ein solcher stellte sich vor uns hin mit den dicken Worten: ‚Ich bin der Weg und die Wahrheit und das Leben'? Wir müßten's uns durch einen herbeigerufenen Dolmetsch erst noch mühsam aus dem barbarischen Dialekt übersetzen lassen – würden wir nicht halb belustigt, halb verständnislos ihm raten: ‚Junger Mensch: Lebe erst einmal und lerne: und komme dann in dreißig Jahren wieder!'? Genau dies aber war der Fall mit Jesus von Nazareth: er verstand weder Griechisch noch Römisch, *die* beiden Sprachen, auf denen seit vielen Jahrhunderten alle nennenswerte Kultur beruhte (und beruht!). Er war mit Homer und Plato ebenso unbekannt wie mit Phidias und Eratosthenes: was ein solcher Mann behauptet, ist für mich von vornherein *indiskutabel*!"[55]

Der Palmsonntag eröffnet eine andere Sicht auf diesen Jesus. Er kontrastiert das „dicke Wort" von dem, der sich als *den* Weg bezeichnet hat, mit der Verlesung seiner Passion. Da ist nicht die Spur von „dicken Worten"! Da ist die Rede von einem Menschen, der Blut schwitzt aus Angst, der nach seinem „Abba" schreit, der ihn schweißgebadet anfleht: „Oh, mein Gott, wenn du doch mein Vater bist, laß diesen Kelch an mir vorübergehen!"

Und das ist nur die letzte der vielen Szenen seines kurzen Lebens, in denen er sich – nicht selten Nächte lang – ausstreckt nach seinem Vater. Vielleicht haben wir immer noch nicht gelernt, seine Menschwerdung, seine Inkarnation wirklich wörtlich zu nehmen. Vielleicht ist er für uns immer noch so etwas wie eine sittliche Idee, ein übermenschliches Prinzip oder der innertrinitarische Sohn mit menschlicher Maske, der am Ölberg nur so tut, als ob ihn das Kreuz ernstlich ängstigen könnte.

Auch ihm wurde das Gehen des Kreuzweges nicht abgenommen. Auch für ihn gab es keine mirakulöse Außerkraftsetzung der Naturgesetze. Auch auf seinem Kreuzweg hat keine unsichtbare Macht den Folterknechten die Werkzeuge aus der Hand geschlagen. Und als sie ihm zuriefen: „Steig doch herab, wenn du kannst!", da konnte auch er nicht herabsteigen von seinem Kreuz. Wohlgemerkt: Er *konnte* es nicht! „Abgestiegen bis zur Hölle", bekennen wir im Credo; und das heißt: herabgestiegen bis in die letzten Abgründe der Gefangenschaft des Menschen, so tief, daß er das nicht nur bildlich oder scheinbar oder im übertragenen Sinn, sondern wirklich erfahren hat: das Gefangensein derer, die nicht mehr unterwegs sein dürfen; das Gefangensein derer, die nicht mehr unterwegs sein können; und das Gefangensein derer, die nicht mehr unterwegs sein wollen. Abgestiegen bis zur Hölle, bis in die tiefste Tiefe. „Kenosis" nennt das die Lesung des Palmsonntags aus dem Philipperbrief.

Da ist kein „dickes Wort", kein hypertropher Selbstanspruch, kein Caesar, der kam, sah und siegte. Da ist ein Mensch, der sich – zitternd, Blut schwitzend, die Wand totaler Sinnlosigkeit vor Augen – ausstreckt nach seinem Vater und ihn „hineinläßt" in seine Dunkelheit; und dann erfährt, daß er gehalten wird, als er selbst sich an nichts mehr festhalten kann.

Als Mensch, als wahrhafter Mensch, ist Jesus der innertrinitarische Sohn. Er ist dieselbe Beziehung zum Vater, die der innertrinitarische Sohn ist – dies aber unter den Bedingungen von Raum und Zeit, unter den Bedingungen eines Menschen zur Zeit des Kaisers Augustus und des römischen Statthalters Pontius Pilatus. Daß ein einzelner Mensch Gott (das ewige, unzerstörbare Leben) so in sich „einlassen" kann, daß er dieselbe Beziehung lebt, die innertrinitarisch der Sohn ist – auch noch auf dem Kreuzweg nach Golgota, unter den Hieben der Geißel, unter dem Spott der Dornenflechter und in der Dunkelheit des Sterbens – das allein ist der Grund für jenes „dicke Wort": „Ich bin der Weg und die Wahrheit und das Leben. Niemand kommt zum Vater außer durch mich" (Joh 14,6).

Seit ein Mensch nicht nur im Leben, sondern auch im Sterben so eins war mit Gott, daß die Beziehung niemals abgerissen ist – auch in der tiefsten Tiefe, auch in der ausweglosesten Gefangenschaft nicht, seitdem „hat die Hölle einen Ausweg" (Hans Urs von Balthasar). Seitdem gilt: Wer Jesus als den Christus glaubt, hat den Weg gefunden, der aus der Gefangenschaft herausführt.

Der Glaube an Christus allerdings ist nichts, was man einmal hat und dann nicht mehr verlieren kann. Der Glaube an Christus ist das, was Paulus das „Beten ohne Unterlaß" (1 Thess 5,17) nennt. Gewiß, in Christus hat sich Gott unwiderruflich an den Menschen gebunden. Aber auch durch Christus zwingt er mich nicht, mich meinerseits zu binden. Er bleibt der Bundes-Gott. Er will nichts an uns ohne uns tun. Das Ergreifen Christi, das Sich-Festhalten an Ihm, ist geprägt von dem lebenslangen Zugleich des „Schon" und des „Noch nicht". Manche werden mit Christus hineingeführt in die Dunkelheit des Nichts-mehr-Verstehens. Aber wenn sie sich betend festhalten an Ihm, dürfen sie auch durch Ihn erfahren, daß sie unterwegs bleiben zum Vater.

Die Prozession des Palmsonntags will uns daran erinnern, daß Er für jeden einzelnen der Weg ist – Er, zu dem Johannes Bours – in bewußtem Kontrast zu den Verhöhnungen Nietzsches – das folgende Bekenntnis verfaßt hat:

„Schon seine Geburt irgendwo in einer Höhle auf dem Feld von Betlehem: verborgen, gering, arm. Von den dreiunddreißig Jahren, die er gelebt hat, verbringt er dreißig Jahre in völliger Verborgenheit in einem Dorf in Galiläa, am Rande des großen römischen Weltreiches. Er lebt das unbekannte Leben der kleinen und einfachen Leute: Bauern, Fischer, Handwerker. Als Kaiser Augustus in Rom stirbt, ist Jesus etwa siebzehn Jahre alt. Als er mit dreißig Jahren in die Öffentlichkeit geht, ist er seinen Landsleuten als Zimmermann bekannt. Kein Mensch in der damaligen Welt redet von ihm. Aber später werden die Jahre nicht nach Augustus gezählt werden, sondern nach diesem Jesus Christus. Er liebte nicht die Gewalt. Seinen Jüngern verbietet er das Schwert. Als man ihn zum König machen will, geht er in die Einsamkeit. Energisch verbietet er denen, die er geheilt hatte, es weiterzuerzählen: er will kein Aufsehen um seine Person. Das, was er am eindringlichsten seinen Jüngern auferlegt hat, ist: Ihr sollt euch nicht zu Herren aufwerfen! Ihr sollt keine Macht ausüben! Ihr sollt nicht die ersten Plätze einnehmen! Man findet ihn bei Menschen, die damals aus der Gesellschaft ausgeschlossen waren, er setzt sich mit ihnen an einen Tisch und nennt sie seine Brüder und Schwestern. Als er am Kreuze stirbt zwischen zwei Verbrechern, zeigt sich auf das äußerste seine Verborgenheit, seine Niedrigkeit und Machtlosigkeit. Am Ende ist er wie ein Nichts. Aber: er konnte so leben und er konnte so sterben, weil er der Liebende war, weil er unbedingt vertraute, daß Gott keinen aus seiner Liebe fallen läßt. Sein verborgenes Leben, die Ohnmacht seiner wehrlosen Liebe – das zeigt sich am Ostermorgen – sind stärker als alles, stärker als der Tod. Sie sind das einzig Rettende. Seine gebundenen Hände sind unsere wahre Befreiung."[56]

Gründonnerstag: Einbezogen in die Bewegung von oben nach unten

Viele werden ihn wenigstens einmal gesehen haben: Franco Zeffirellis Jesus-Film. Fast jedes Jahr greift das öffentlich-rechtliche Fernsehen auf diesen Film zurück, wenn es um ein Programm für die Heilige Woche geht. Nicht ohne Grund, wie ich meine. Denn Zeffirelli hat in seinem Vierteiler den Kitsch und die Klischees anderer Versuche überwunden und in vielen Szenen theologisch Beachtliches geleistet. Aber Negatives prägt sich mehr ein als Positives. Deshalb ist mir eine Szene besonders in Erinnerung, die schlichtweg mißlungen ist. Ich meine nicht die Art und Weise, wie Zeffirelli die Auferstehung behandelt. Seine Magdalena hat mich durchaus überzeugt: wie sie verstört und begeistert zugleich ruft: „Ich habe ihn gesehen! Ich habe ihn wirklich gesehen!" Nein, enttäuscht war ich von jener Szene, in der es um die „Brotvermehrung" geht. Da sieht man auf einmal einen übernatürlich verklärten Jesus, dessen Augen zu glänzen beginnen und dessen Hände so etwas Ähnliches wie Laserstrahlen aussenden. Dazu eine Musik wie auf der Bühne eines Zauberers zur Steigerung der Spannung vor dem nächsten Gag.

An dieser Stelle übersieht Zeffirelli zwei zentrale Mitteilungen der Heiligen Schrift:

Erstens diese, daß Jesus sich an das Mittun derer bindet,

die er beschenken will. Er will „es nicht allein machen". Er schockiert seine Jünger mit der Aufforderung: „Gebt *ihr* den Leuten zu essen" (Mk 6,37)! Die Reaktion ist bekannt: Wie soll das gehen?

Und zweitens ist da ein Junge mit fünf Broten und zwei Fischen (Joh 6,9). Der hätte protestieren können: „Das reicht höchstens für mich. Mir knurrt der Magen. Davon kann ich nicht auch noch etwas abgeben." Nichts von alledem. Als wenn das selbstverständlich wäre, gibt er her, was er hat. Er rechnet nicht aus, wieviel für ihn selbst übrigbleibt, wenn geteilt wird. Ein bemerkenswerter Charakter, dieser Junge!

Wir wüßten nichts von ihm, wenn er nicht völlig anders als die statistische Mehrheit gehandelt hätte. Und ich bin überzeugt: Jesus hätte sein Wunder nicht wirken können ohne diesen Jungen. Er hat nie ohne seine Adressaten gehandelt. Er hat sich immer gebunden an das Verhalten derer, zu denen er gesandt war. Dies hätte Zeffirelli ohne jeden Trick darstellen können: daß mit dem Geben des Jungen ein Ruck in die Szene kommt; daß auf einmal alle etwas zu geben haben. Vielleicht war da gar kein Eingreifen von oben; vielleicht hat ganz einfach jeder das, was er für sich – nur für sich! – eingepackt und vor den anderen versteckt hatte, ausgepackt und verteilt. Vielleicht bestand das Wunder gar nicht in einer Außerkraftsetzung der Naturgesetze, sondern ganz einfach darin, daß der Gott, den Jesus im Gebet um seinen Segen bat[57], die Herzen verwandelt hat – so sehr, daß keiner mehr festhielt, sondern austeilte, was er hatte.

Was würde es nutzen, wenn der Papst auf seinem Balkon statt der Bitte um den Segen des dreieinen Gottes ein Wort äußern könnte, mit dem aller Hunger in der Welt von heute auf morgen beseitigt wäre? Was würde es nutzen, wenn die, die haben, nicht teilen, was sie bisher festgehalten haben? Was würde das Brot vom Himmel bringen, wenn die Herzen nicht verwandelt würden? Was wäre ein Wunder wert, das nur und ausschließlich von oben kommt?

Das ist die Lektion des Gründonnerstags: Man kann nicht empfangen, ohne zu geben. Vor allem kann man Christus selbst nicht empfangen, ohne sich einbeziehen zu lassen in sein Sich-Schenken. Diese Lektion ist schwer zu lernen – auch für einen, der Petrus heißt. Er versteht nicht, daß sein Herr und Meister ihm, dem Jünger, die Füße wäscht. Er versteht nicht, warum die Gemeinschaft mit Jesus an diesen Sklavendienst gebunden ist. Er versteht nicht, daß das Sich-Geben Jesu nur der empfangen kann, der die Bewegung von oben nach unten mitvollzieht. „Begreift ihr", fragt Jesus, „was ich an euch getan habe? Ihr sagt zu mir Herr und Meister, und ihr nennt mich mit Recht so; denn ich bin es. Wenn nun ich, der Herr und Meister, euch die Füße gewaschen habe, dann müßt auch ihr einander die Füße waschen" (Joh 13,13f).

Wer das eucharistische Sich-Geben Christi verstanden hat, der hat auch begriffen, warum er das, was er empfängt, in das Geben, in das Teilen, in die Bewegung von oben nach unten, in den Gestus der Fußwaschung, übersetzen muß.

Vielleicht können so viele Zeitgenossen auch deshalb nicht mehr an die reale Gegenwart Jesu Christi im Geschehen der Eucharistie glauben, weil die, die ihn regelmäßig empfangen, so wenig spüren lassen von dem Verstehen der Fußwaschung. Vielleicht verdunstet der Glaube an Christus, weil sich die, die ihn regelmäßig empfangen, nicht tief genug bücken. Wer soll es denn tun: der Papst? Mutter Teresa? Irgendwelche Ordensschwestern und Priester? Irgendwelche Sonderexistenzen?

Wir sind gemeint mit den Fragen, die Wilhem Willms in sein Gedicht mit dem Titel „Ganz nahe" gefaßt hat:

> „Wußten Sie schon,
> daß die Nähe eines Menschen
> gesund machen, krank machen,
> tot und lebendig machen kann?

Wußten Sie schon,
daß die Nähe eines Menschen
gut machen, böse machen,
traurig und froh machen kann?

Wußten Sie schon,
daß das Wegbleiben eines Menschen
sterben lassen kann?
Daß das Kommen eines Menschen
wieder leben läßt?
Wußten Sie schon,
daß die Stimme eines Menschen
einen anderen Menschen
wieder aufhorchen läßt,
der für alles taub war?

Wußten Sie schon,
daß das Wort oder das Tun eines Menschen
wieder sehend machen kann;
einen, der für alles blind war,
der nichts mehr sah,
der keinen Sinn mehr sah in dieser Welt
und in seinem Leben?

Als Jesus den Tauben heilte,
da ist er mit dem Finger in dessen Ohren gegangen.
Er blieb nicht auf Distanz.
Jesus ist ganz dicht an den Tauben herangetreten.

Als Jesus den Blinden heilte
Da ist er ganz nah an den Blinden herangetreten
Und dann hat Jesus ihn angeschaut." [58]

Wußten Sie schon, daß sie alles heilen kann: die fuß-
waschende Bewegung von oben nach unten?
Mit Blick auf das Jesus-Wort „Wer sich am eigenen Ich

festhalten will, der verliert sein Leben; und wer sein Leben hingibt, der gewinnt es" (Mt 16,25 parr) bemerkt der Psychologe Albert Görres: „Die natürliche Tendenz des Menschen ist eine Aufstiegsbewegung, er will oben sein, am Licht, in der Sonne, an der Macht, im Genuß, im Reichtum. Er will die Verheißung an sich erfüllt finden, *eritis sicut deus*: Ihr werdet sein wie Gott. Er will möglichst viel vom Leben haben, er will von allem das Beste, er will hochgeachtet von anderen sein, er rivalisiert, er möchte die anderen ausstechen und sie zu seinen Bewunderern und Untertanen, ja zu seinen Lustobjekten machen. Das christliche Rezept für seine Heilung sieht aber genau umgekehrt aus. Es heißt: Die Letzten werden die Ersten sein. Freund, stelle Dich hinten an, dann wirst du den richtigen Platz, das Ziel Deines Lebens erreichen können. Versuche, nicht der Herr, sondern der Diener aller anderen zu sein, suche nicht Publizität, sondern Verborgenheit, dränge Dich nicht vor die Fernsehkamera, sondern gehe dahin, wo niemand von Dir redet, wo Du keinen Ruhm gewinnen kannst und wo Du zum Hintertreppenpersonal gehörst, sorge dafür, daß in Deinem Leben möglichst viele Elemente von dem vorhanden sind, was im Sozialprestige ganz unten rangiert, […]. Das klingt nun alles sehr unnatürlich oder übernatürlich. Dennoch haben sogar viele Menschen, die dem Christentum recht ferne stehen, für diese Dinge durchaus ein Gefühl. Welche Flut von Verehrung und Liebe haben Menschen wie Albert Schweitzer auf sich gezogen, der, statt die glänzende, ruhmreiche Karriere des genialen Mannes fortzusetzen, in einer plötzlichen Kehrtwendung sich ins dunkelste Afrika zu Primitiven gewandt hat, die für seinen Geist gewiß keine geeigneten Gesprächspartner und für seine Begabung keine geeigneten Bewunderer waren, sondern nur leidende, elende Mitmenschen, denen es auf einfachste Weise zu dienen galt. Albert Schweitzer hat sich nicht nur zum Arzt, sondern wirklich zum Dienstmann dieser Leute gemacht. Was in der Theorie so viele abstößt und ärgert, beeindruckt sie und imponiert

134

ihnen doch in der konkreten Verwirklichung. Sie spüren, daß da ein Mensch dadurch, daß er nicht nach oben, sondern nach unten gegangen ist, das Letzte und Größte aus sich hat herausholen lassen."[59]

Die Augen des erhöhten Herrn werden mich einmal anschauen – so wie sie Petrus angeschaut haben nach seiner Verleugnung: nicht drohend und nicht strafend, und doch all das verbrennend, was der Liebe nicht entsprach. Jeder wird an der Fußwaschung gemessen; daran und an nichts anderem! Denn irgendwo bin ich – ich ganz persönlich – gerufen, im übertragenen Sinn natürlich, aber deshalb nicht weniger konkret, Jesus Christus, den ich in der Eucharistie empfange, sichtbar zu machen.

Gründonnerstag: Christsein als Priestersein

Es ist erst wenige Monate her, da hatte ich ein Gespräch mit einem jungen Mann, der sich nach einem fast abgeschlossenen Jurastudium für den Priesterberuf entschieden hat. Dieser vierundzwanzigjährige Student sagte: „Seit ich mich entschlossen habe, Priester zu werden, bin ich für meine bisherigen Mitstudenten und erst recht für meine bisherigen Mitstudentinnen, für Verwandte und Nachbarn und sogar für meinen Vater ‚der Andere‘. Nicht, daß ich nur belächelt werde; manchmal schwingt auch so etwas wie Respekt mit. Aber immer ist da die Frage: ‚Wie kannst Du nur?!‘"

Als Jesus sagt: „Das Brot, das ich geben werde, ist mein Fleisch, und ich gebe es für das Leben der Welt" (Joh 6,51), wird er selbst nicht nur von denen „draußen", sondern auch von denen, die er seine „Jünger", seine Vertrauten, seine Freunde nannte, zum Außenseiter gestempelt. Wörtlich heißt es da: „Viele seiner Jünger, die ihm zuhörten, sagten: Was er sagt, ist unerträglich. Wer kann das anhören" (Joh 6,60)? Und: „Viele seiner Jünger zogen sich zurück und folgten ihm nicht mehr. Da fragte Jesus die Zwölf: Wollt auch ihr weggehen" (Joh 6,66f)?

Die Antwort des Simon Petrus lautet: „Herr, zu wem sollen wir gehen? Du hast Worte des ewigen Lebens" (Joh 6,68).

Diese Antwort – so meine ich – sollte Gegenstand einer Besinnung auf den Abend sein, an dem Jesus zum ersten Mal sagt: „Nehmt dieses Brot! Das bin ich selbst."

Wenn Petrus auf die Frage „Wollt auch ihr weggehen?" antwortet: „Du hast Worte ewigen Lebens!", dann heißt das zugleich: „Ich selbst – oder besser gesagt: ich aus mir selbst – habe die Worte des ewigen Lebens nicht, sondern Er, Jesus Christus!" Das ist, so meine ich, eine Antwort, die einer, der Priester geworden ist, nachempfinden kann – in diesem Sinne: Ich habe gespürt – in und außerhalb meiner Familie, auf den verschlungenen Wegen des Lernens und des Scheiterns, des Erfolges und des Mißerfolges, im Wahrnehmen meiner Begabungen und meiner Grenzen, durch Heils- und Unheilserfahrungen hindurch – in vielen Begegnungen mit Menschen und in vielen Ereignissen habe ich gespürt und immer deutlicher wahrgenommen: Er will mich, ausgerechnet mich; offenbar will er meiner bedürfen, meiner Begabungen und meiner Grenzen, meiner Stärken und meiner Schwächen. Er will meiner Worte und Taten bedürfen, um seine Worte hörbar und seine Taten sichtbar zu machen.

Aber Jesus Christus hörbar, Jesus Christus sichtbar machen: Ist das nicht die Berufung *jedes* Christen, *jeder* Christin? Wozu denn sonst sind alle, die sich Christen und Christinnen nennen, getauft und gefirmt? Darin kann doch nicht das Besondere dessen liegen, wozu einige wenige durch die Handauflegung des Bischofs bestellt wurden.

Ich möchte auf diese Frage nicht mit einer Theorie, sondern mit selbst erlebter Wirklichkeit antworten. Denn vielleicht erklärt das Erlebte anschaulicher als das differenzierende Denken den Unterschied zwischen dem gemeinsamen Priestertum aller Getauften und dem spezifischen Priestertum der Ordinierten. Ich denke da an die Taufe eines behinderten Kindes. Die jungen Eltern, die ich hatte trauen dürfen, hatten sich riesig auf ihr erstes Kind gefreut. Und dann dieses völlig entstellte Gesichtchen: verkrüppelte Hände, viel zu kurze Beine und zudem eine geistige Behinderung. Die Gespräche mit den zunächst völlig verstörten Eltern gehören zum Kostbarsten meines Priesterlebens. Als ich in der Taufe diesem behinderten Kind im Namen Jesu Christi sagen durfte: „Ich will, daß Du da bist", da habe ich geradezu physisch gespürt, was das bedeutet, ein solches Wort in solcher Situation zu sagen; daß ich ein solches Wort nicht aus mir selbst, sondern nur auf Grund meiner Weihe „in persona Christi" sagen darf. „Besonderes Priesterum", das heißt: Im Namen Jesu Christi und durch Christus auch mit Autorität einem konkreten Menschen sagen: Du bist von Gott gewollt; Du bist in seinen Augen ganz und gar einmalig, durch nichts und niemanden ersetzbar. Dies glaubwürdig – nicht nur mit dem Mund, sondern auch mit dem Einsatz der eigenen Existenz – sogar denen zu sagen, die in den Augen einer Leistungsgesellschaft überflüssig oder zumindest ersetzbar sind, ist die vornehmste Aufgabe der geweihten Amtsträger. Denn die Priesterweihe steht im Dienste der Sakramentalität der Kirche insgesamt und jedes einzelnen in ihr. Indem ich jenem behinderten Kind sagen durfte: „Ich taufe dich im Namen des Vaters und des Sohnes und des Heiligen Geistes", habe ich diesem Kind durch, mit und in Christus gesagt, daß es einen Auftrag hat in dieser Welt. Und wenn ich seinen Eltern im Vorfeld der Taufe erklären durfte, was es heißt, dem eigenen Kind nicht nur in der Tauffeier, sondern jeden Tag das Kreuz Jesu Christi auf die Stirn zu zeichnen, dann – so meine ich – kann darin geradezu exemplarisch deutlich werden, wie die durch die Weihe dazu bevollmächtigten Priester ihre Mitchristen und Mitchristinnen befähigen und ermutigen können, ihrerseits Kirche – Sakrament Jesu Christi – zu sein.

Jeder Priester erfährt in der Eucharistiefeier, wie wichtig

das ist, zu wissen: Ich kann durch meine moralische Untadeligkeit, durch meine Worte und meine Taten nicht einholen, was ich am Altar sage und vollziehe. Und dennoch: Ich darf meine armselige Gestalt und meine unzulänglichen Worte zum Medium der Worte des ewigen Lebens machen. Und wenn ich Ihm, dem Wort des ewigen Lebens, nicht den Weg verstelle, dann darf ich sogar hoffen, daß es verstanden (mit dem Herzen geglaubt) wird.

Nicht nur, wenn ich als Priester predige oder Sakramente spende, sondern auch da, wo ich einen Haus- oder Krankenbesuch mache, wo ich mit den Ministranten Fußball spiele, wo ich Mitarbeiter ausbilde oder ermutige, wo ich mit Menschen feiere und fröhlich bin, ist das Eigentliche meines Priesterseins: anderen Menschen direkt oder indirekt, explizit oder implizit zu sagen: *Du* kannst und *Du* sollst ein Segen sein – in allem, was Dir vorgegeben ist, in Deinem Beruf und Deiner Familie, im Geben Deiner Stärken und im Annehmen Deiner Grenzen, in Deinem Reden und Handeln, Denken und Planen, in Deiner Art, etwas zu besitzen, in Deinem Umgang mit der Zeit, in Gesundheit und auch in der Krankheit. Du bist von Christus her etwas völlig Unersetzliches, etwas ganz und gar Einmaliges.

Ausdrücklich sagt Gott zu Beginn der Heilsgeschichte zu Abraham: nicht nur „Sei gesegnet!", sondern auch: „Du sollst ein Segen *sein*" (Gen 12,2)! Jesus sagt dasselbe auch zu dem Zöllner Zachäus, zu der Ehebrecherin und dem Schächer am Kreuz.

Und wenn ich als Priester – im Namen Jesu Christi – einem Kind sage: „Ich taufe dich im Namen des Vaters und des Sohnes und des Heiligen Geistes", dann sage ich diesem Kind und auch seinen Eltern und Paten (natürlich nicht aus mir selbst, sondern im Namen dessen, der allein solches sagen kann): „Du sollst ein Segen sein!"

Wenn ich – im Namen Jesu Christi – einem Menschen sage: „Ich spreche Dich los von Deiner Schuld!", dann sage ich diesem Menschen: „Du sollst und Du kannst trotz allem, was war, ja sogar dort, wo deine Schuld zur unheilbaren Wunde geworden ist, ein neuer Anfang, ein Segen sein!"

Und wenn ich immer und immer wieder Eucharistie feiere und immer und immer wieder Menschen den Leib des Herrn reiche, dann soll ich doch jeden einzelnen als einzelnen anblicken und ihm oder ihr ganz persönlich sagen: *„Du* kannst und *Du* sollst das sein, was Du empfängst; *Du* kannst und *Du* sollst ein Segen sein!"

Und wenn ich einen Schwerkranken salbe, dann sagen ich ihm an Christi Statt: Du kannst und Du sollst inmitten Deiner Schwäche, inmitten Deiner Krankheit, im Zugehen auf den Tod ein Zeichen der Hoffnung für die Hoffnungslosen und also auch dort noch ein Segen sein!"

Und wenn ich Menschen begegne, die an sich selbst nicht glauben können; und wenn ich Menschen sehe, die nie geliebt wurden; und wenn ich mit Menschen zu tun habe, die neurotisch, süchtig und kaputt sind, dann soll ich sie mit den Augen Jesu Christi anblicken und ihnen – natürlich nicht aus mir selbst, sondern „in persona Christi" – sagen: „Du kannst trotzdem und Du sollst trotzdem ein Segen sein!"

Kann man das? Kann man solche „großen Worte" solchen kaputten Menschen sagen? Kann man kein Segen sein, wenn man immer wieder in „seine" Sünde fällt, wenn man – tiefenpsychologisch gesprochen – einen schweren Schatten mit sich trägt, wenn man nicht „austherapiert" oder von seinen charakterlichen und seelischen Gebrechen verwundet bleibt?

Ich denke in diesem Zusammenhang an eine junge Studentin, die von ihren Eltern wenig geliebt, unter furchtbaren Spannungen groß geworden ist und immer wieder meint, sie könne sich die Anerkennung, die ihr verweigert wurde, durch Leistung erkaufen. Sie hat zwei Selbsttötungsversuche hinter sich. Denn so erträgt man das Leben nicht. Aber ich habe in der Begegnung mit ihr gedacht: Kann diese furchtbar gequälte Frau ein Segen werden? Gewiß, man muß wohl lange Wege zurücklegen, damit sogar die Lebenswunde in etwas verwandelt wird, das anderen zum Segen gereicht. Aber möglich müßte das doch sein von dem Gott her, der in Jesus Christus selbst herabgestiegen ist in die Abgründe des Leids; von dem her, dessen Wunden die Rettung der Welt sind; von dem her, der das Kreuz so angenommen hat, daß es von innen heraus verwandelt wurde; von dem her, der sich am Abend vor seinem Tod selbst gibt mit den Worten: „Nehmt und eßt. Das bin ich selbst."

Gewiß: Pathetisch und theoretisch, von oben herab und ohne Einfühlung darf man den Menschen auch mit Jesus Christus nicht kommen. Jesus Christus ist das Fleisch gewordene Wort. Und deshalb sind große Worte, die in dem, welcher sie ausspricht, nicht Hand und Fuß bekommen haben, unglaubwürdig.

Vielleicht gehört zur Repräsentation Christi durch das besondere Priestertum auch die Erfahrung der Verdemütigung.

Derselbe Petrus, der die großartige Antwort gibt: „Du, Herr, hast Worte des ewigen Lebens!", war cholerisch, unbedacht, labil, großmäulig. Große Worte hatte er stets parat: „Herr, wenn Du es bist, dann befiehl, daß ich auf dem Wasser zu Dir komme!" Am Abend vor Jesu Tod: „Nein, um Gottes willen, du darfst keinen Sklavendienst verrichten, Du doch nicht. Mir wäschst du die Füße nicht!" Und unmittelbar darauf: „Wenn's um die Gemeinschaft mit dir geht, dann, Herr, nicht nur die Füße, sondern auch die Hände und den Kopf!" Und: „Herr, wenn Dich alle anderen verlassen sollten, ich verlasse Dich nicht!" – Nur wenig später ist er es, der sich feige davonmacht, als es ernst wird. Ein kleines Dienstmädchen bringt ihm, den der Herr „den Fels" genannt hatte, die Worte über die Lippen: „Diesen Menschen, von dem Du da redest, den kenne ich gar nicht, den hab' ich noch nie gesehen. Ich schwöre: Den da kenne ich nicht!" Und trotzdem: Von demselben Petrus stammen die im Martyrium eingelösten Worte: „Herr, Du weißt alles; Du weißt auch, daß ich Dich liebe."

Und Paulus: Wenn die Überlieferung nicht trügt, ist er klein, geradezu mikrig und unansehnlich gewesen. Und bei aller Intelligenz: Ein großer Redner war er nicht. Er bezeichnet sich selbst in seinen Briefen als Mißgeburt, als Auswuchs, als unwürdig, als schwache, unscheinbare Gestalt. Und trotzdem: Er, gerade er, ist zum größten Missionar der Kirchengeschichte geworden.

Offenbar geht es in allen Berufungsgeschichten immer nur darum, daß der Berufene sich selbst – nicht nur das Große und Schöne und Glänzende, sondern auch das Mikrige, Armselige und Kleine – dem ihn Rufenden überläßt; wie zum Beispiel Ignatius von Loyola in dem Gebet: „Nimm hin, o Herr, meine ganze Freiheit. Nimm an mein Gedächtnis, meinen Verstand, meinen ganzen Willen. Was ich habe und besitze, hast Du mir geschenkt. Ich gebe es Dir wieder ganz und gar zurück und überlasse alles Dir, daß Du es lenkst nach Deinem Willen. Nur Deine Liebe schenke mir mit Deiner Gnade. Dann bin ich reich genug und suche nichts weiter."

Vielleicht hält mich der eine oder andere für überspannt, wenn ich meine: Man kann es einem Priester ansehen, ob er sich Christus hinhält, ob er betet. Damit meine ich natürlich auch das Breviergebet; doch das Stundengebet kann man auch „absolvieren", ohne zu beten. Mit dem eigentlichen Beten meine ich das täglich neu eingeübte und nie abgeschlossene „Sich-Ihm-Überlassen"; und das ist ein Kämpfen gegen die Schwerkraft des eigenen Gefälles, gegen Feigheit und Resignation, gegen die Gedanken des Ego, gegen die Vergiftung der Lauterkeit. Im Buche Exodus lesen wir: „Während Mose vom Berg herunterstieg, wußte er nicht, daß die Haut seines Gesichtes Licht ausstrahlte, weil er mit dem Herrn geredet hatte" (Ex 34, 29).

Wenn schon Taufe und Firmung als Sendung mit, durch und in Christus zu verstehen sind, dann gilt das in noch ausgeprägterem Maße von der Priesterweihe. Genauer gesagt: Die Träger des spezifischen Priestertums sind nur dann glaubwürdige Repräsentanten Christi, wenn sie ihre Berufung in die inkarnatorische Bewegung von oben nach unten einbeziehen lassen. Gerade die Repräsentation Christi „gegenüber der Gemeinde"[60] kann sich verselbständigen oder zur Funktion verkommen. Dagegen steht das anspruchsvolle Bild von der Fußwaschung.

Der langjährige Münsteraner Spiritual Johannes Bours erzählt von einem der vielen Priesteramtskandidaten und Priester, die er geistlich begleitet hat: *Zu mir kommt ein junger Mann, 25 Jahre alt. Seit einem Jahr ist er Priester. Er hat eine große Erbschaft gemacht, mehrere hunderttausend Mark. Er will mit mir überlegen, was er damit tun soll. Wir überlegen: soviel für diesen, soviel für jenen guten Zweck. Ich rate ihm, eine bestimmte namhafte Summe als Rückhalt für sich auf die Bank zu geben. Einige Monate später begegne ich ihm wieder. Wir machen zusammen einen Spaziergang durch den Park. Beiläufig frage ich ihn: „Wie haben Sie es mit dem Geld gemacht?" Da tritt er ein paar Schritte vor mich hin, hebt die Hände hoch und tanzt und sagt: „Alles weg, alles weg!" Er sagte: „Das Geld stand zwischen Christus und mir. Jetzt bin ich wieder frei."*

Da ist einer mit seiner Liebe zu Christus, mit seiner Christus-Kommunion ins Fleisch gegangen. Nicht jeder kann das auf diese exzeptionelle Weise. Aber wie man nicht rein gedanklich oder rein innerlich ehelos leben kann, so kann man auch nicht rein innerlich oder rein geistig arm sein. Wenn sich einer, der Christus repräsentieren soll und will, gegen psychische und physische Not immunisiert, wenn er nie Anteil nimmt am Elend von Menschen, so ist ihm der Geist, durch den sich Christus seiner bedienen will, fremd. Der Geist, von dem die Heilige Schrift spricht, steigt nicht nach oben, sondern herab. Deshalb besteht die „Sünde wider den Heiligen Geist" in der Verweigerung der Inkarnation, des Mitherabsteigens mit Christus; in der Verweigerung der Fußwaschung.

Viele Zeitgenossen vermissen den Sinn ihres Lebens und

suchen ihn, indem sie ausbrechen in „das ganz andere". Mit diesem Ausbrechen meine ich nicht nur die Fluchtbewegungen der „Erlebnisgesellschaft" und des Hedonismus, sondern auch die Hochkonjunktur der Esoterik: die Flucht in die reine Innerlichkeit, transzendentale Meditation, Bewußtseinstraining; Praktiken, die ein ganz anderes Feeling, Kontakt mit einer übersinnlichen Sphäre oder ganz einfach das Vergessen des Alltäglichen ermöglichen.

Wenn aber „der Sinn" das ganz andere gegenüber dem Alltag, gegenüber dem Jetzt und Hier, ist, wenn das, was allem Sinn gibt, jenseits von Welt und Geschichte zu suchen ist, dann muß jeder, der ihn finden will, gleichsam abheben aus dieser Welt hinein in eine andere – zumindest bewußtseinsmäßig durch alle möglichen Techniken der Verinnerlichung, Versenkung oder Mentalhygiene. Mir scheint: Auch viele im christlichen Glauben erzogene und aufgewachsene Menschen, auch solche, die ihren Glauben praktizieren, meinen, wenn sie von Gott sprechen, das ganz Andere, das schlechthin Transzendente, das Jenseitige. Nicht nur für die, die „mit Kirche nichts mehr am Hut haben", sondern auch für viele, die sich bewußt Christen nennen, ist Christus nicht der Sinn, der Weg, die Wahrheit und das Leben für alle Menschen aller Zeiten, sondern allenfalls Wegweiser zum transzendenten Sinn, Beispiel, das man nachahmen kann.

Hier steht „das Ganze" auf dem Spiel. Der Gott, der sich so konkret mitteilt, daß er in Christus Mensch ist, daß er Sakrament wird; der Gott, der so konkret wird, daß er nichts tun will ohne uns, der Bundes-Gott, der uns Christus „zugesellen" (Ignatius von Loyola) will, ist mit unverbindlichem Suchen, mit Relativismus und privater Innerlichkeit unvereinbar. Wer Jesus als den Christus bekennt, glaubt daran, daß der Sinn von allem nicht jenseits von Welt und Geschichte, nicht jenseits des Kosmos und der Sphären ist, sondern in einem bestimmten Menschen zu finden ist. Wenn wahr ist, daß Gott diesen Menschen nicht nur als Maske gebraucht hat, wenn er nicht nur die geschichtliche Einkleidung einer Idee war, wenn der Sinn von allem im Fleische, in der Konkretion des Individuums Jesus Christus selbst zu suchen ist, dann kann man die Idee des Christentums nicht mehr von diesem Einen trennen. Dann ist Christentum nicht eine Abstraktion, Theorie oder Methode, sondern Fleischwerdung, Praxis, letztlich „Fußwaschung".

Es ist zwar merkwürdig, aber es ist so: Nur weil Gott sich kleiner macht als die Milchstraße, weil er in meinem stickigen Krankenzimmer „da ist", weil er ausgerechnet meine Sorgen hört und ernst nimmt, weil Ihm die Bitte eines Kindes um einen Roller mit Ballonreifen nicht zu gering ist, weil er konkret wird wie ein Stück Brot, um mich zu erreichen, darum ist er der Weg, die Wahrheit und das Leben nicht nur für die Welt insgesamt oder für das Schicksal der Menschheit überhaupt, sondern für mich hier und jetzt.

Diese Erfahrung hat John Henry Newman in die poetischen Worte gekleidet: „Gott schaut dich, wer immer du seist, so, wie du bist, persönlich. Er ‚ruft dich bei deinem Namen'. Er sieht dich und versteht dich, wie er dich schuf. Er weiß, was in dir ist, all dein Fühlen und Denken, deine Anlagen und deine Wünsche, deine Stärke und deine Schwäche. Er sieht dich an deinem Tag der Freude und an deinem Tag der Trauer. Er fühlt mit deinen Hoffnungen und Prüfungen. Er nimmt Anteil an deinen Ängsten und Erinnerungen, an allem Aufstieg und Abfall deines Geistes. Er umfängt dich rings und trägt dich mit seinen Armen. Er liest in deinen Zügen, ob sie lächeln oder Tränen tragen, ob sie blühen in Gesundheit oder welken in Krankheit. Er schaut zärtlich auf deine Hände und deine Füße. Er horcht auf deine Stimme, das Klopfen deines Herzens, selbst auf deinen Atem. Du liebst dich nicht mehr, als er dich liebt."[61]

Vielleicht sollten wir uns wenigstens am Gründonnerstag fragen, warum Gott seine leibhafte Gegenwart an die uns so alltäglichen Gestalten von Brot und Wein gebunden hat.

Vielleicht entdecken wir dann ganz persönlich: Er will in mir sein wie das Licht des Tages, wie die Luft, die ich atme, wie das Brot, das ich esse.

Karfreitag: Das Geheimnis des Kreuzes

Viele sogenannte „Achtundsechziger" haben Hermann Hesses Erzählung „Siddharta" geradezu verschlungen. Denn diejenigen, die das Christentum als „Hure des Systems" verdächtigten, suchten nach einer Alternative. Der Karfreitag ist sicher nicht geeignet, Hesses Reflexionen über Siddharta zu bewerten. Und ich bin weit davon entfernt, den Buddhismus in irgendeiner Weise beurteilen zu können. Aber es drängt sich doch ein Vergleich auf: der nämlich zwischen Siddharta Gautama, der zum Buddha wurde, und Jesus Christus.

Von außen betrachtet ist Siddhartas Geschichte schnell erzählt: Der junge Prinz lebte wohlbehütet in einem Traumschloß, abgeschieden von allen Leiden und Ängsten der Menschen. Dann aber geschieht es bei einer Spazierfahrt: Sein Weg führt an den Leidenden vorbei; er sieht deren Siechtum und Elend. Unruhe packt ihn. Er verläßt sein Schloß. Er beginnt die Suche der hundert Wege, um die Lösung der einen Frage zu finden: *Wie kann der Mensch sich vom Leid befreien?* Nach langem Suchen, nach vielen Sackgassen und unbefriedigenden Antworten beschließt er, sich unter einen Baum zu setzen und so lange dort sitzen zu bleiben, bis Erleuchtung über ihn komme. Und tatsächlich: es geschieht; und von da an ist er der „Buddha", das heißt: „der Erleuchtete". Er findet den „edlen achtteiligen Pfad", der den Menschen zu einem rechten Leben anleitet und am Schluß ins „Nirvana", in ein seliges Verlöschen, führt.

Die Lösung scheint Augenmaß zu haben. Sie wirkt bescheiden und ehrlich. Es fällt auf, daß Buddha nicht einmal die Frage nach der Existenz Gottes oder des Göttlichen beantwortet. Sie scheint ihm gar nicht mehr wichtig. Wichtig ist, daß der Mensch einen Weg findet, sich vom Leid zu befreien.

Frage: Gibt es in meinem Leben den Baum, unter den ich mich zu diesem Zwecke setzen könnte? Ist das wirklich erreichbar, was Buddha das „Nirvana" nennt? Kann meine Sinnfrage so formuliert werden: „Wie kann ich mich vom Leid befreien?"

Ein Weg jedenfalls durchkreuzt die Lösung des Buddha. Es ist der Kreuzweg Jesu. Er fragt nicht: Wie kann ich mich vom Leid befreien? Ganz im Gegenteil: Er geht hinein in das Leiden der anderen; er setzt sich diesem Leiden buchstäblich aus – nicht nur dem Elend derer, die blind, stumm, gelähmt, aussätzig, diskriminiert wie Zachäus oder verfemt wie die Ehebrecherin sind; nein auch dem Leid derer, die Opfer ihres kreuzigenden Hasses sind. Er läuft nicht weg. Er setzt sich aus. Er hängt sich hinein in den Mechanismus der Gewalt und des Hasses.

Aber ist sein Weg besser? Ist es besser, wenn der Unschuldige sich anspucken, geißeln, mit Dreck bewerfen, mit Dornen krönen und annageln läßt an ein Kreuz? Warum bestraft er nicht die Schuldigen, und warum befreit er nicht die Unschuldigen? Warum verhindert er nicht das Böse?

Ich will – in seinem Namen – vorsichtig antworten, ohne irgendein Leid auch nur ansatzweise „erklären" zu wollen. Mehr kann ich nicht dazu sagen – nur dies: Die Tatsache, daß es überhaupt Böses gibt, hängt zusammen mit dem Geheimnis der Freiheit. Wenn Gott mit dem Menschen nicht eine Marionette, sondern ein wirkliches Du geschaffen hat, dann muß dieses Du auch die reale (nicht nur die scheinbare!) Möglichkeit haben, Gott zu verneinen, die Spannung zwischen der eigenen Endlichkeit und der unerreichbaren Unendlichkeit aufzuheben, sich selbst oder ein anderes Geschöpf mit Gott gleichzusetzen, kurzum: die Freiheit zu pervertieren. Die Bibel sagt, daß letztlich (!) alles Leid seine Wurzel in der Sünde hat. Doch damit mich niemand mißversteht: Trösten können solche Überlegungen nicmanden. Und die Warum-Frage bleibt so hart wie zuvor.

Ein Priester, der die „Lebenswahrhaftigkeit" zum Kriterium aller Rede von Gott erklärt hat und nach furchtbarer Krankheit im Alter von 55 Jahren starb, hat seinen Mitbrüdern geschrieben – ich zitiere wörtlich: „Wir Priester verstehen es meisterhaft, schöne Sätze über das Leiden zu machen. Auch ich habe in ergreifenden Sätzen über das Leid gepredigt. Aber jetzt sage ich Ihnen: Wir sollten lieber schweigen; wir wissen nämlich nicht, was das ist."

Und in dem letzten Brief eines Pastorensohnes aus Stalingrad heißt es: „Man sagt in seinem letzten Brief – ich weiß, daß es der letzte ist – nur das, was wahr ist. Vater, ich weiß, Du bist Pastor. Ich kann Dir versichern: Ich habe Gott gesucht in jedem zerstörten Haus, an jeder Ecke, bei jedem Kameraden, wenn ich in meinem Loch lag, und wenn ich vor Hunger Gras in mich reinstopfte. Aber er war nicht da. Nein, Vater, es gibt keinen Gott. Und wenn es doch einen geben sollte, dann gibt es ihn nur bei Euch, in den Gesangbüchern und Gebeten, in den frommen Sprüchen und Losungen der Pastoren; aber hier nicht; hier wirklich nicht."

Mich hat dieser Brief an Borcherts Soldaten Beckmann erinnert, an dessen erschütternde Frage: „Wann bist du eigentlich lieb, lieber Gott? Warst Du lieb, als Du meinen Jungen, der gerade ein Jahr alt war, als Du meinen kleinen Jungen von einer brüllenden Bombe zerreißen ließt, lieber Gott ja? [...] Nein, richtig. Du hast es nur zugelassen. Du hast nicht hingehört, als er schrie und als die Bomben brüllten. Wo warst Du da eigentlich, als die Bomben brüllten, lieber Gott? Oder warst Du lieb, als von meinem Spähtrupp elf Mann fehlten? Elf Mann zu wenig, lieber Gott, und Du warst gar nicht da, lieber Gott. Die elf Mann haben gewiß laut geschrien in dem einsamen Wald, aber Du warst nicht da, einfach nicht da, lieber Gott. Warst Du in Stalingrad lieb, lieber Gott, warst Du da lieb, wie? Ja? Wann warst Du eigentlich lieb, Gott, wann? Wann hast Du Dich jemals um uns gekümmert, Gott?"⁶²

Es gibt ein Übermaß an Leid, aus dem nichts mehr „gelernt" werden kann, sondern das uns und andere nur noch verstummen macht. Was sollen z. B. an Hunger sterbende Kinder lernen? Was sollen in selbstzerstörerischer Psychose Dahinvegitierende lernen? Was soll einer, der nach einem Unfall nicht mehr aus dem Koma erwacht, lernen? Von Auschwitz und vom Archipel Gulag, von den Opfern im Kosovo oder Osttimor ganz zu schweigen!

In meiner früheren Gemeinde ist vor wenigen Monaten ein junger Mann zum ersten Mal Vater geworden. Als er seine Frau im Spital besuchen wollte, nahm ihn die Stationsschwester beiseite, führte ihn in ein Zimmer, von dem aus er durch eine Glasscheibe seinen Sohn sah, und erklärte ihm ganz sachlich: „Ihr Kind ist ohne Ohren geboren. Es kann auch nicht richtig schlucken. Sein Mund öffnet sich nur zu einem winzigen Spalt, – kirschkerngroß. Sein Kieferknochen ist verkürzt. Wir müssen sofort operieren."

Da gibt es keine Erklärung, keine schöne Antwort und schon gar keinen theologischen Trost, sondern nur Schweigen. Alles andere wäre Hohn.

Aber: Es ist ein Unterschied, ob das Schweigen (und – wenn es noch möglich ist – das Weinen) vor dem Kreuz Jesu Christi geschieht oder nicht.

Denn was bedeutet das Kreuz? Ganz gewiß keine Erklärung; kein „Des- und deswegen"; keine Antwort auf das „Warum?"! Wohl aber dies: Der Gott, an den ich glaube, ist kein Alleskönner, der vergessen hat, mir zu helfen. Nein, der Gott, an den ich glaube, hat das Äußerste, was sich über ihn sagen läßt, am Kreuz Jesu Christi offenbart: angenagelt, festgenagelt von seinen eigenen Kreaturen, scheinbar ohne jede Macht, im wahrsten Sinne des Wortes ohn-mächtig; angespuckt von gemeinen Soldaten, mit Dreck beworfen, gegeißelt, mit Dornen gekrönt und verhöhnt mit den Worten: „Steig doch herab, wenn du kannst!" Aber er kann nicht. Er kann wirklich nicht. Der Gott, an den ich glaube, hat sich an die Freiheit des Menschen gebunden. Er eliminiert sie auch da nicht, wo sie die Fratze der Perversion zeigt und den Sohn kreuzigt, der ganz und gar eins ist mit Ihm, seinem „Abba".

Ein Gott, der nichts kann; der sich annageln läßt? Ein ohnmächtiger Gott? Ist das nicht das Ende jedes sinnvollen Glaubens und Hoffens, jedes berechtigten Betens oder Klagens?

Ja gewiß! Aber nur dann, wenn der kreuzigende Haß stärker ist als die wehrlose Liebe des Gekreuzigten. Nur dann, wenn die angenagelte Liebe Jesu Christi am Kreuz gestorben ist. Nur dann!

Wir verehren mit Kniebeuge und Kuß in der Todesstunde Jesu – im Karfreitagsgottesdienst – ein Kreuz[63], nicht irgendein Kreuz; das wäre pervers; nein, das Kreuz des Jesus Christus, dessen Liebe das Kreuz nicht beseitigt, sondern unterfaßt, von innen heraus verwandelt (verklärt) hat. Wir bekennen damit etwas von außen betrachtet Ungeheuerliches: Wir bekennen uns zu einem Gott, der sich annageln läßt und dennoch – gerade so, im Modus wehrloser Liebe – jedes (!) Kreuz *verwandeln*[64] (nicht verhindern und schon gar nicht beseitigen) kann.

Und noch etwas: Wir *schauen* nicht nur auf Ihn. Wir lassen uns auch *einbeziehen* in seine wehrlose, gekreuzigte Liebe.

Was geschieht, wenn eine Frau ihren Mann, der zum Trinker geworden ist, nicht aufgibt? Wenn sie an ihn glaubt und die Hölle seiner Sucht erträgt? Wenn sie nach dem Fallen mit ihm wiederaufsteht? Ob diese Frau ihr Kreuz und das ihres Mannes besiegt, wenn sie Christus, die gekreuzigte Liebe, einläßt in ihr Glauben und Hoffen (wie eine Pore das Wasser)?

Was geschieht, wenn Eltern ihre Kinder ganz andere als die erhofften Wege gehen sehen? Wenn sie sich ausgenommen, betrogen, hintergangen und verachtet sehen? Und wenn sie trotzdem nicht Gleiches mit Gleichem vergelten, trotzdem die Tür offen halten, trotzdem die Treue leben? Ob sie ihr Kreuz besiegen, wenn sie Christus, die gekreuzigte Liebe, einlassen in ihr Glauben und Hoffen (wie eine Pore das Wasser)?

Eins ist sicher: Der Kreuzweg Jesu durchkreuzt die Wege derer, die sich raushalten wollen mit der Frage: „Wie kann ich mich vom Leid befreien?" Wer unberührt vom Leid der anderen leben will, kann sich nicht Christ nennen. Nicht, daß wir das Leid nicht für etwas Böses halten sollten. Leid – wenn es diesen Namen verdient – ist böse; ist das, was Gott nicht will. Aber wir können uns nicht raushalten. Nicht nur durch eine Spende zur Misereor-Aktion trage ich des Anderen Last. Anstrengender kann es werden, wenn einer meine Zeit will. Und sehr ernst kann es werden, wenn es um das Verzichten auf die liebe Selbstverwirklichung geht.

Neil Postman bemerkt in seinem Bestseller mit dem Titel „Wir amüsieren uns zu Tode": *Es wird immer kälter. Denn die Menschen in den reichen Industrienationen des Westens leiden an einer verborgenen Krankheit: Sie können nicht mehr leiden. Die Krankheit, nicht leiden zu können, bringt uns in eine Eiszeit. Leidfreiheit und Schmerzfreiheit gelten bei vielen als Ideal. Alle Zeichen des Älterwerdens und des Verfalls werden kaschiert, weggeschminkt, wegoperiert. Falten im Gesicht sind verpönt und werden geliftet. Leidfreie ewige Jugend wird vorgetäuscht. In den USA werden sogar die Verstorbenen durch Make-up wie schlafende Jugendliche hergerichtet. Munterkeit und Zuversicht um jeden Preis! Diese Zeilen aus dem Tagebuch eines Krebskranken sind symptomatisch: „Obwohl ich noch nicht wußte, daß ich Krebs hatte, stellte ich intuitiv bereits die richtige Diagnose. Denn das ganze angestaute Leid, das ich jahrelang in mich hineingefressen hatte, ließ sich in meinem Innern nicht mehr komprimieren; es explodierte auf Grund eines Überdrucks und zerstörte meinen Körper." Leiden wird verdrängt – zum*

Beispiel durch Antidepressiva. Die schwierige Ehe wird rasch und glatt geschieden. Behinderte, Kranke, Alte, Sterbende kommen schnell in Anstalten. Manchmal geht es wirklich nicht anders; aber oft dominiert die „Entsorgung". Keiner hat mehr Zeit; und trotzdem gab es wohl zu keiner Zeit so viele einsame Menschen und Selbstmorde wie in den Leistungsgesellschaften des Westens.

So werden sie anschaulich: die gescheiterten Antworten einer materialistischen Zivilisation auf Siddhartas Frage: „Wie kann ich mich vom Leid befreien?"

Die Alternative Christi heißt: „Einer trage des anderen Last" (Gal 6,2)! Oder noch deutlicher formuliert: „Wer sein Leben für sich festhalten will, der wird es verlieren; und wer es loslassen kann, wird es gewinnen" (Mt 10,39).

Vielleicht darf ich erinnern an die Beispiele im ersten Abschnitt dieses Büchleins: z. B. an jene junge Frau, die nach der Geburt ihres geistig und körperlich behinderten Kindes mit einem Blick auf das Kreuz in ihrem Krankenzimmer die Kraft fand, das entsetzlich entstellte Gesichtchen ihres Sohnes zu küssen. Sie erfuhr in diesem Moment – so erzählte sie – eine Kraft, die sie selbst ergriffen hat. Diese Kraft möchte ich mit jener gekreuzigten Liebe identifizieren, die nichts mit Gewalt beseitigt und doch alles „unterfassen" bzw. „verwandeln" kann. Das Kreuz der Behinderung des Kindes bleibt. Aber durch, mit und in Christus hat diese Mutter die Sinnlosigkeit der Behinderung „unterfaßt", „verklärt", „verwandelt". Dieses behinderte Kind ist ein frohes Kind, weil es geliebt wird. Und diese Mutter ist nicht verbittert, sondern eine Frau, die aus dem Wesentlichen lebt und die Reife ihrer Liebe im wahrsten Sinne des Wortes auf ihre ganze Umgebung ausstrahlt.

Und wenn mich einer fragt: „Kann man das lernen, das „Hineinlassen" der gekreuzigten Liebe in das eigene Kreuz?", dann antworte ich auch darauf nicht mit einem Rezept, sondern mit einem Beispiel. Therese von Lisieux – während ihres furchtbaren Leidens gefragt, was sie denn sage, wenn sie bete – hat geantwortet: „Ich sage gar nichts. Ich schaue Ihn nur an."

Zu diesem Anschauen lädt uns der Karfreitag ein in der Verehrung des Kreuzes – äußerlich ein Marterwerkzeug, mit den Augen des Glaubens betrachtet das Zeichen jener angenagelten Liebe, die das letzte Wort behält.

Karfreitag: Am Grab des Bruders

Vier Wochen nach seiner Hochzeit brach sie aus: eine Krankheit, die – wie kluge Köpfe sachlich zu erklären wissen – auf einer Fehlinformation des Zellkerns beruht. Mehr als zwanzig Operationen; und dann im Januar die Diagnose: Krebs. Abermals eine schwierige Operation; Chemotherapie – vergeblich; kurzes Aufatmen im vorigen Jahr von August bis Oktober, wo er sich selbstlos um seine schwerkranke Mutter gekümmert hat; mit furchtbaren Schmerzen im Rücken schleppte er sich zu seinen Schülern; im Januar dieses Jahres die letzte Operation: aufgemacht und wieder zugemacht; schwere Lungenentzündung; endgültiges Nichtmehrgehenkönnen; dann auch Nichtmehrsitzenkönnen; monatelange Bestrahlungen – vergeblich; ein letztes Fest zu Hause, aber auch das umschattet von der Traurigkeit, nicht mitfeiern zu können); abermals zwei Monate Bestrahlungen – völlig vergeblich; Verlust des Gefühls in den von den Tumoren befallenen Organen; Sich-helfen-lassen-müssen bis in die letzte Intimität. Ich weiß, daß er viel geweint hat, wenn er sich unbeobachtet glaubte; aber geklagt hat er nie; da war kein Selbstmitleid; im Gegenteil: Noch am letzten Tag – schwer atmend unter der Sauerstoffmaske – noch nachdem ich ihm die Krankensalbung gespendet hatte, sorgte er sich darum, ob ich schon gegessen hätte und ob ich denn so viel Zeit für ihn hätte.

Ich selbst kann nur ahnen, was es für eine Frau heißt: Zwanzig Jahre Ehe unter dem Damoklesschwert des Todes zu führen – in der ständigen Angst um den geliebten Menschen; und zwei Jahre den eben geschilderten Weg mitzugehen.

Ganz bewußt möchte ich von der Stelle des Altares aus für diese von größter Tapferkeit getragene Treue danken. Wenn ich gefragt habe: „Wie hältst Du das bloß aus?", habe ich die Antwort erhalten: „Da kommt so viel Liebe zurück!"

„Jemanden lieben heißt ihm sagen: Du darfst nicht sterben!" (Gabriel Marcel). Und das hat Herberts Frau, weil sie aus dem Glauben lebt, auch da noch gesagt, als sie ihn ganz bewußt losgelassen hat – in der letzten Agonie der letzten Nacht, als er auch unter der Sauerstoffmaske keine Luft mehr bekam, sich noch einmal aufrichtete, die Maske wegriß und mit weit aufgerissenen Augen rief: „Laß mich gehen! Ich kann nicht mehr. Ich kann nicht mehr. Laß mich gehen!"

Wenn einer in unserer Familie im besten Sinne dieses Wortes „fromm" war, dann mein Zwillingsbruder. Seine Frömmigkeit war echt, war männlich, war schlicht und vor allem praktisch. Für die Theorien der Theologie hat er sich nicht besonders interessiert. Aber er war sich nicht zu schade, Klinken zu putzen, wenn es darum ging, für die Caritas zu sammeln. Er hat sich in der Jugendarbeit seiner Pfarrgemeinde engagiert; und er war Kommunionhelfer. Als ich kürzlich alte Fotoalben hervorkramte, fand ich den Brief, den er mir zu meiner Priesterweihe geschenkt hatte; da schreibt er: „Da Du Dich für ein Leben ohne Frau und Kinder entschieden hast, sollst Du wissen: Ich bin immer für Dich da; und wo ich bin, sollst auch Du zu Hause sein. Und ich bete für Dich."

Warum? Warum gerade er? Warum so früh? Warum auf diese furchtbare Weise?

Vielleicht erwarten nicht wenige das pathetische Bekenntnis: „Gottes Wege sind nicht unsere Wege, und Gottes Gedanken sind nicht unsere Gedanken." Nein, dieses Zitat, so fromm es klingen mag, erklärt gar nichts. Ich empfinde es – in dieser Stunde ausgesprochen – sogar als zynisch.

Wenn Gott ganz woanders wäre und ganz anders dächte als wir, dann könnte er uns gestohlen bleiben. Wer auch nur ein ganz klein bißchen vom Judentum und vom Christentum kennt, der weiß doch, wie Gott im Alten und im Neuen Testament beschrieben wird: als der Gott des Bundes mit den Menschen; als der Gott, der sein eigenes Tun an unser Tun bindet; als der Gott, der zu Mose im Dornbusch sagt: „Ich bin der ‚Ich-bin-da'; als der Gott, der mitten unter uns Menschen Hand und Fuß bekommen hat in Jesus Christus.

Und deshalb ist eines ganz sicher, nämlich dies: Gott will die Krankheit ebenso wenig wie wir. Denn die Krankheit, wie Herbert sie durchlitten hat, ist böse, ist eine zerstörerische, eine geradezu diabolische Gewalt. Gott will das Böse nicht; ganz und gar nicht; absolut nicht. Er wollte auch nicht den Kreuzweg Jesu; den wollte doch nicht Gott; den wollten die, die Jesus haßten; aber doch nicht der Gott, den er seinen Vater nannte!

Und schauen wir auf Jesu Beten, ehe wir das eigene Beten aufgeben! Geschrien hat er zu seinem Vater; Blut geschwitzt vor Angst hat er; und auch er hat gebettelt: „Laß doch diesen Kelch an mir vorübergehen!" Auch er hat geschrien: „Mein Gott, mein Gott, warum hast du mich verlassen?"

Der Gott, den er seinen Vater nannte, *konnte* ihm das Kreuz nicht abnehmen. Das ist wörtlich zu nehmen: Er *konnte* nicht. Wie gern hätte dieser Vater diesem Sohn das Kreuz abgenommen. Aber er *konnte* nicht. Das haben wir – in der Regel – vergessen, wenn wir so schön daherplappern: „Ich glaube an Gott, den Allmächtigen!"

Allmächtig ist er; aber ganz anders als Potentaten, von denen wir sagen: Sie können tun und lassen, was sie wollen. Nein, der Gott, der sich im Kreuzweg Jesu offenbart hat, kann nicht, was er will. Liebe tut nicht, was sie will. Liebe kann keine Welt schaffen, die wie ein Computer programmiert ist. Liebe hat eine Welt geschaffen, die in fünfzehn Milliarden Jahren den Menschen hervorgebracht hat, den mit wirklicher – nicht nur scheinbarer! – Freiheit begabten

Menschen. Und wo Freiheit ist, da gibt es auch verunglückte Freiheit: z. B. eine fehlinformierte Zelle. Und wo reflexe Freiheit ist, da gibt es auch die pervertierte Freiheit: das Böse. Der Gott, den Jesus seinen Vater nannte, *konnte* den Henkern Jesu nicht die Werkzeuge der pervertierten Freiheit (des Hasses) entreißen. Er mußte sie gewähren lassen.

Und doch sagen wir von diesem gekreuzigten Sohn aus Nazaret zu Recht: In ihm ist offenbar geworden, daß die wehrlose, angenagelte, scheinbar besiegte Liebe das letzte Wort behält. Ja, er ist allmächtig – aber das auf ganz andere Weise als die Herren dieser Welt. Er kann das Kreuz nicht verhindern und nicht beseitigen, aber verwandeln.

Herbert hat mir bei einem Besuch gesagt: „Mit Worten bete ich kaum noch; aber ich halte mich Ihm hin." So hat er Christus hineingelassen in sein Loslassenmüssen, in seine Krankheit, in sein Nichtsmehrverstehen; in das furchtbare Hilfe-Rufen der letzten Nacht.

Kein Mensch kann von sich aus eine solche Kraft aufbringen. Solch übermenschliche Kraft kann nur von Ihm kommen.

Und – auch das war an Herberts Kreuzweg zu beobachten – die Kraft Gottes, die kommt nicht unmittelbar vom Himmel auf den einen oder den anderen irgendwie unsichtbar herab. Die Kraft Gottes ist immer – immer! – vermittelt durch Menschen; zuerst durch den Menschen Jesus; aber dann auch durch alle, in denen Jesus Hand und Fuß bekommt. Jeder von uns ist in dieser Welt wie eine Pore für das Hineinkommen des in Christus konkret gewordenen Gottes. Wir sind wie Poren, die sich öffnen oder verschließen können für sein „Hineinkommen". Er zwingt uns nicht. Aber wenn wir ihn „hineinlassen", werden wir füreinander zur Gnade.

Wir, die wir noch Zeit haben oder auch nur zu haben meinen, sollten bedenken: Am Schluß steht nicht die Frage: Was hast du geleistet? Was hast Du zur Bank gebracht? Was hast du geschrieben oder gedacht, sondern am Schluß steht die Frage: Hast Du mich, Jesus Christus, hineingelassen in Dein Ego, in Dein Planen, in Deine Zeit und Deinen Besitz? Hast Du mich gesehen, als ich hungrig, durstig, nackt und im Gefängnis war?

Wenn alle Masken und Schalen sich vom Kern lösen, bleibt übrig, was wir gegeben haben – nur das! Nicht weil ich Herberts Zwillingsbruder bin, sage ich das, was ich jetzt sage. Wer Augen hatte zu sehen und Ohren hatte zu hören, der hat während der letzten Monate hinter dem Außen des gelähmten und ausgemergelten Leibes den Glanz des Bleibenden, dessen, was einen Menschen wirklich groß macht, erkennen können.

Deshalb haben wir allen Grund, für dieses Leben zu danken und gewiß zu sein, daß ihm schon hier in der langen Vorbereitung auf den Tod alle Schlacken und Hindernisse abgenommen wurden; daß sein armseliger Leib schon verwandelt ist in die verklärte Gestalt des Ostermorgens; daß er das Ziel erreicht hat, das ihm die Worte der Lesung aus Jesaja versprechen: „Ich habe Dich erlöst. Ich habe Dich bei Deinem Namen gerufen. Du bist mein."

Ostern: Freude, die unbesiegbar ist

„Frohlocket, ihr Chöre der Engel, frohlocket, ihr dienenden Scharen! Lasset die Posaune erschallen! Freue dich, Mutter Kirche, umkleidet von Licht und herrlichem Glanz!" – So jubelt das „Exsultet" der Osternacht.

Da ist die Rede vom Licht, das das Dunkel vertreibt, von Christus als dem Alpha und Omega, von der seligen Schuld, die solch großen Erlöser gefunden, und immer wieder von einer alles überströmenden Herrlichkeit.

Kann man das eigentlich: auf diese Weise zur Freude aufrufen? Einer ganzen Gemeinde, ja, allen Menschen dieser Welt zurufen, sie sollten sich freuen? Gibt es nicht auch am Ostermorgen Menschen auf dem Kreuzweg: Menschen an ihr Bett gefesselt; Menschen, die jung sind und doch so krank, daß sie sterben müssen; psychische Krüppel; Menschen ohne Zuhause; Menschen auf der Flucht; die Opfer der Leidenschaften; von Einsamkeit verstümmelte, getretene und verachtete Menschen? Gibt es sie nicht auch am Ostermorgen: Gesichter der Hoffnungslosigkeit, des Unglaubens, der Lieblosigkeit? Gibt es sie nicht gerade auch an diesem Morgen: die verbitterten Gesichter verführter Unschuld, versagenden Alters und verhärteten Stolzes; die ausgebrannten Augen verzehrender Sorge, verängstigter Scham, zerstörender Enttäuschung und siechender Verzweiflung?

Vielleicht ist mitten unter uns einer, der ein, zwei oder auch drei Jahre lang in eine Strahlenklinik gegangen ist, um auf den Tod seiner vielleicht nur dreißigjährigen Frau oder seines vielleicht nur zwanzigjährigen Sohnes zu warten. Vielleicht ist mitten unter uns eine alte Frau, die ihren Mann in Stalingrad und das einzige Kind auf der Flucht verloren hat. Vielleicht sind auch die unter uns, die ohnmächtig zuschauen, wie ihre Ehe immer mehr zerbricht; denen Treue mit Untreue und Ehrlichkeit mit Lüge vergolten wird. Vielleicht sind auch die unter uns, die etwas erfahren haben von dem Siechtum und der Verzweiflung, von der Ausweglosigkeit und Einsamkeit derer, die unsere psychiatrischen Kliniken, unsere Entziehungs- und Fürsorgeheime und unsere Gefängnisse füllen.

Ich zitiere aus Briefen, die wirklich geschrieben worden sind: von „Menschen wie du und ich":

Da schreibt eine zweiundvierzigjährige Frau: „Beim Frühstück hat mir mein Mann mitgeteilt, daß er eine andere liebt. Kein Vorzeichen, keine Ankündigung, nichts; mit einer Kühle, die mich erstarren ließ. Ich kann seitdem nicht mehr glauben; ich bringe kein einziges Gebet mehr über die Lippen; in mir ist alles wie tot."

Da schreibt eine Verkäuferin: „Ich sitze hier im Krankenhaus und werde in zwei Tagen entlassen. Mir graut vor der Rückkkehr nach Hause. Drei Jahre nur waren wir verheiratet, da fing mein Mann an zu trinken. Inzwischen ist er schon fünf Jahre arbeitslos. Ich muß den Lebensunterhalt verdienen. Die Kinder bleiben sich selbst überlassen und hassen ihren Vater. Ich war in Versuchung, Tabletten zu schlucken. Wenn die Kinder nicht wären, ich hätte Angst vor mir selbst."

Und ein Siebzehnjähriger schreibt: „Von Anfang an hat mein Vater mich einen Versager genannt, weil ich Linkshänder bin und stottere. Als ich nach dem Hauptschulabschluß keine Stelle bekam, habe ich mich vor Angst ganze Tage nicht nach Hause getraut. Inzwischen glaube ich selbst, daß ich nichts kann. Meine Mutter sagt auch: ‚Wenn du nicht aufpaßt, landest du in der Gosse'!"

Es gibt sie in fast jeder Straße:
- Eltern, die an der Kälte des eigenen Kindes buchstäblich zerbrechen;
- Menschen, die sich aufgegeben haben;
- den Trinker, der sich und seine Familie ruiniert;
- Ehen, in denen die Liebe tot ist;
- Kranke, die verzweifelt sind;
- Menschen, die nicht mehr leben wollen.

Aber es gibt ebenso gewiß:
- Eltern, die nicht resignieren;
- Menschen, die vor dem Trümmerhaufen eines armseligen Lebens der Enttäuschungen und Niederlagen stehen, und die dennoch nicht aufgeben;
- Ehen, in denen einer die Mauer des Schweigens und der Gleichgültigkeit endlich durchbricht;
- Kranke, die Freude ausstrahlen;
- Menschen, die an einem offenen Grab Zeugen der Hoffnung sind.

Offenbar gibt es eine Kraft, die stärker ist als Krankheit, Tränen, Enttäuschung, Mißerfolg und Tod. Offenbar gibt es sie: die Mutter, die ihr verkrüppeltes Kind schön findet, weil sie es liebt; den unheilbar Kranken, der froher ist als der Gesunde; den Reichen, der alles verlassen hat, um reich zu sein.

158

Und diese Kraft ist kein frommer Wunsch, keine Ideologie oder Projektion, sondern Person. Diese Kraft, die jedes Kreuz verwandeln kann, ist das Geheimnis des Todes und der Auferstehung Jesu Christi *in uns selbst*.

Blicken wir auf das Ganze, auf das Ganze der Offenbarung des Gottes, der in Jesus Christus konkret geworden ist! Fragen wir: Warum hat der Gott, den wir den Ursprung von allem nennen, sich nicht selbst genügt? Warum hat er ein Universum geschaffen, das erst nach fünfzehn Milliarden Jahren den Menschen hervorbringt? Warum hat er überhaupt etwas geschaffen? Was ist das Ziel seiner Schöpfung? Warum entsteht ein Wesen, das so frei ist, daß es den eigenen Schöpfer verleugnen kann? Und ist es wahrscheinlich, daß der Gott, der das Universum schuf, zu einem bestimmten Zeitpunkt ausgerechnet auf unserem Planeten in einem kleinen Dörfchen in Palästina ein ganz konkreter einzelner Mensch wurde? Einer, der dreißig Jahre Tischler in Nazaret war und drei Jahre vor seinem Tod behauptete: „Ich bin der Weg und die Wahrheit und das Leben"?

Er steigt hinunter zum Jordan, wo Johannes, der Wüstenprediger, tauft. Dort ist der tiefste Punkt der Erdoberfläche, ungefähr dreihundert Meter unter dem Meeresspiegel. Tiefpunkt aber auch in einem anderen Sinn: Die Leute, die da aus der Umgebung, besonders aus dem nahe gelegenen Jerusalem, hinuntersteigen, lassen sich untertauchen, machen sich klein, bekennen sich als Sünder. Und in ihre Reihe reiht sich der Mensch gewordene Gott ein, läßt sich untertauchen wie die anderen – in die tiefste Furche dieser Erde.

Zeitweilig ist er berühmt. Die Menschen laufen ihm nach. Seine Jünger machen sich Hoffnung auf wichtige Posten. Aber Kompromisse schließt er nicht. Er sagt die Wahrheit auch dann, wenn sie unbequem wird. Und einer nach dem anderen schleicht sich davon. Der Weg nach Golgota beginnt.

Und auf dem Weg dahin immer wieder der, der ganz anders ist. Da gibt es in Jericho einen Zollbeamten, klein von

Gestalt, gehaßt, weil er die Leute betrügt; verachtet, weil er so klein ist. Und ausgerechnet der möchte Jesus sehen. Er klettert auf einen Baum, weil er so klein ist und weil die Leute ihn vertreiben. Und prompt sieht Jesus ihn, ausgerechnet ihn. „Komm", sagt er, „steig herab! Wenn du etwas von mir sehen willst, mußt du herab- und nicht hinaufsteigen!"

Das ist eine Lektion, die schwer zu lernen ist – auch für Petrus. In der Nacht vor seiner Verhaftung macht Jesus ihm handgreiflich vor, was er meint; aber Petrus will nicht wahrhaben, daß sein Herr und Meister nicht hinaufsteigt, sondern herab, daß sein Herr und Meister sich kniet und einen Sklavendienst verrichtet. Er schämt sich seiner. Doch Jesus schämt sich nicht, als er tiefer noch als ein Schuhputzer herabsteigt und seinen Jüngern die Füße wäscht.

Und dann: „Nehmt hin und eßt; das bin ich selbst!" – Da geraten wir an die erschütterndste Offenbarung unseres herabsteigenden Gottes. Da verschenkt er sich selbst. Und kurz darauf hängt er zwischen Himmel und Erde, angenagelt. Und es wird makaber. Denn da wird er doppelsinnigerweise aufgefordert, herabzusteigen – er, der ein Leben lang herabgestiegen ist! Aber er ist so tief herabgestiegen, daß er nicht mehr herunter kann von dem Kreuz, an das der Haß ihn geheftet hat. Da er die Seinen liebte, liebte er sie bis zur Vollendung, bis zu dieser Konsequenz. Die Freiheit, die er seinem Geschöpf geschenkt hat, nagelt ihn fest. Und er bestätigt diese Freiheit, weil er sie nicht aufhebt, sondern erträgt. Derselbe Gott, der das Universum schuf, so weit heruntergekommen – im wahrsten Sinne dieses Wortes. Das ist der Abgrund, in den er hineinschreit und hineinstirbt. „Abgestiegen zur Hölle" sagen wir im Credo. Osterbild der Ostkirche: Abgestiegen bis in die tiefste Tiefe.

Das ist die Kraft, von der wir am Ostertag bekennen: Sie ist stärker als jedes Kreuz, stärker als jede Verzweiflung, mächtiger als jede Gewalt. Diese angenagelte, gekreuzigte, scheinbar ohnmächtige Liebe hat das letzte Wort behalten.

Wer sie „hineinläßt" in sein Leben, in sein Fragen, in sein Suchen und Nicht-mehr-Können, in seine Krankheit und sein Sterben, der erfährt etwas, was wirklicher ist als alles, was er selber machen, greifen und begreifen kann.

Es gibt eine Freude, die in Augen steht, die geweint haben; eine Freude, die den Karfreitag nicht verdrängt, sondern besiegt; eine Freude, die aus tiefster Geborgenheit kommt; eine Freude, die so stark ist, daß sie nie mehr der Verzweiflung weicht.

„Frohlocket, ihr Chöre der Engel, frohlocket ihr dienenden Scharen! Lasset die Posaune erschallen! Freue dich, Mutter Kirche, umkleidet von Licht und herrlichem Glanz!"

Dieser Ruf des „Exsultet", uns zu freuen, entspringt einem tiefen Realismus. Denn wir wissen: Ja, es gibt unendlich viel Leid; aber mit Christus auch die Verwandlung des Leids. Ja, es gibt viel Sterben; aber mit Christus auch das Leben im Sterben. Ja, es gibt viel Schuld; aber durch Christus auch Vergebung.

Freude, die durch das Feuer des Kreuzes gegangen ist, Freude, die von Tränen nicht besiegt wird, Freude, die uns kein Karfreitag unseres Lebens nehmen kann, wünsche ich uns allen; und besonders denen, die nicht mehr glauben können, was Christen Ostern feiern.

Himmelfahrt: Das In-Sein in Christus

Nicht wenige, die sich etwas darauf einbilden, gebildet zu sein, werden ironisch oder gar sarkastisch, wenn es um die konkrete Wahrheit des christlichen Glaubens geht. Himmelfahrt Christi, Abstieg zur Hölle, Aufnahme Marias in den Himmel – spätestens bei diesen Artikeln unseres Glaubensbekenntnisses weicht die Zustimmung lächelnder Skepsis: „Himmel – was ist das überhaupt? Ein Relikt des Weltbildes von den drei Stockwerken ‚Himmel, Erde, Unterwelt'?"

Im vergangenen Jahr sagte mir nach einer der Bittprozessionen vor Christi Himmelfahrt ein sechzehnjähriger Ministrant: „Wenn ich da als einziger aus meiner Klasse singend durch die Straßen ziehe, würde ich mich am liebsten verstecken." Ist es nicht genau dieses Gefühl, nicht mehr ganz in die heutige Welt zu passen, das uns an einem Fest wie „Christi Himmelfahrt" beschleicht? „Christus ist in den Himmel aufgefahren, wupp, wupp, weg war er", spottet der Christenverächter Nietzsche.

Nicht wenige denken sich den Himmel als eine Art sicheren Hort, in den man sich zurückziehen kann, möglichst weit weg von dieser Welt. Manches alte Kirchenlied ist da sehr aufschlußreich: „Die Welt, die mag nun fahren mit ihrer List und Pracht, in ihr sind nur Gefahren, nichts, was mich selig macht". Oder: „Lieber Gott, mach mich fromm, daß ich in den Himmel komm".

In manchen Köpfen geistert sie immer noch herum: die Vorstellung von einer Himmelfahrt nach Art eines physikalischen Vorgangs: Jesus steigt einige Kilometer weit auf in die Lüfte, bis er hinter dem Wolkenvorhang verschwindet.

Nein, der Himmel ist kein Ort. Und die Hölle ist kein Ort. Und das Fegefeuer ist kein Ort. *Jesus Christus ist* als von mir gewonnener mein Himmel. *Jesus Christus ist* als von mir verneinter die Hölle. *Jesus Christus ist* als von mir ersehnter mein Purgatorium.

Obwohl der anglikanische Schriftsteller Clive Staples Lewis alles andere als ein Fachtheologe ist, hat er die vielleicht beste Eschatologie verfaßt. Sie trägt den Titel „Die große Scheidung". Mit dem Wort „Scheidung" meint Lewis die Entscheidung jedes einzelnen Menschen für oder gegen Christus. Je mehr ein Mensch Jesus Christus „hineingelassen" hat in sein Leben, desto wirklicher ist er. Und umgekehrt: Wer sich Ihm verschlossen hat, ist wie ein Schatten. Der Reiz des Buches liegt in seinen Beispielen. So ein „Schattending" weiblichen Geschlechts erzählt: „Diese Undankbarkeit! Ich war's, die einen Mann aus ihm gemacht hat. Mein ganzes Leben habe ich geopfert. Und was war mein

Lohn? Totale äußerste Selbstsucht! Nein, höre mich doch an! Er trottelte so dahin mit fünftausend im Jahr, als ich ihn heiratete. [...] Bis zu seinem Lebensende hätte er nicht die Stellung bekommen, wenn ich nicht gewesen wäre. Schritt um Schritt mußte ich ihn vorwärts treiben. Er hatte nicht einen Funken Ehrgeiz. Es war, wie wenn man einen Sack Kohle aufzuheben versucht. Ich mußte ihm tatsächlich die Hölle heiß machen, bis er die Extraarbeit in der anderen Abteilung übernahm, obwohl das für ihn wirklich der Anfang von allem übrigen gewesen ist. Oh, die Faulheit der Männer! Glaub's oder nicht, er sagte, er könnte nicht mehr als dreizehn Stunden am Tag arbeiten! Als ob ich nicht viel länger arbeitete! Denn mein Tagewerk war noch nicht vorüber, wenn er fertig war. Den ganzen Abend über mußte ich ihn in Gang halten – du verstehst schon, wie ich das meine. Wenn es nach ihm gegangen wäre, er hätte nach dem Abendessen einfach in einem Lehnstuhl gesessen und sich gemopst. Ich mußte alles aus ihm herausholen und ihn aufmuntern und Unterhaltung machen. Ohne Hilfe von ihm, versteht sich. [...] Stunden habe ich damit zugebracht, Blumen zu arrangieren, damit das Hüttchen von einem Haus nett aussah, und statt mir zu danken, was, denkst du, sagt er mir? Er sagte, ich sollte doch gefälligst den Schreibtisch nicht mit Blumen vollstellen, wenn er daran arbeiten wollte, und dann hat er eines Abends den gräßlichsten Alarm geschlagen, weil ich eine Vase über seine Papiere gegossen hatte. [...] Und dann bekam er die neue Stellung. Ein großer Schritt vorwärts. Aber, was meinst du, kam dann? Statt zu zeigen, daß wir jetzt in der Lage waren, uns etwas auszudehnen, sagte er bloß: ‚Na, jetzt, in Gottes Namen, wollen wir mal ein bißchen ausspannen.‘ Das gab mir beinahe den Todesstoß. Fast hätte ich ihn ganz aufgegeben, aber ich kannte meine Pflicht. Ich habe immer meine Pflicht getan.‘‘[65]

Was die Hölle ist, ergibt sich aus der Liebe. Denn sie ist nichts anderes als verweigerte Liebe. Hölle – also nicht ein Ort, sondern der Zustand eines Menschen, der sich eingeschlossen hat in sein eigenes Ich. Und umgekehrt: Himmel – die Christusförmigkeit des Menschen!

Das feiert die Kirche am Fest der Himmelfahrt: daß in Jesus Christus der erste Mensch ganz und gar, für immer und ewig aufgenommen ist in die innerste Gemeinschaft mit Gott. Und auch dies: daß jeder einzelne von uns bestimmt ist zu demselben Ziel.

Jedes Ziel setzt einen Weg voraus. Unser Weg zum Ziel Jesus Christus hat längst begonnen. Hier und jetzt entscheidet sich, wer wir sind. Hier und jetzt ist jeder einzelne von uns eine ganz konkrete, von niemandem ersetzbare Berufung. „Was schaut ihr nach oben?" (Apg 1,11), werden die Jünger gefragt. Nicht das Abheben ist angesagt. Im Gegenteil, die Parole lautet: „Gehet hinein in diese Welt" (Mt 28,19)! Die Wolke – hebräisch *„shekinah"* – ist kein Bild der Abwesenheit und des Verschwindens, sondern das uralte Bild der Nähe des Gottes, der nicht da oder dort, sondern überall der „Ich-bin-da" ist. Die Verheißung ist eindeutig: „Seid gewiß, ich bin bei euch alle Tage bis an das Ende der Welt" (Mt 28,20).

Es gibt solche, die meinen, diese Welt mit ihren Möglichkeiten sei das Ziel. Es gibt auch die, die sich selbst für das Ziel halten. Und nicht zuletzt jene, die alles für Zufall und die Frage nach dem Sinn für einen metaphysischen Schwächeanfall halten.

Die Zahl derer, die das Paradies auf Erden für eine reale Möglichkeit erklären, hat sich stark verringert – nicht erst nach dem gigantischen Scheitern des real existierenden Sozialismus. Der Marxismus konnte eine zentrale Frage nie beantworten: Was nützt es dem einzelnen, wenn er selbst nur Pflasterstein auf dem Weg zum Ziel ist und selbst das „Paradies auf Erden" nie betritt?

Eine andere Zahl hingegen wächst; die Zahl derer nämlich, die in die vierzig, fünfzig, wenn's hochkommt, achtzig Jahre ihres Lebens alles hineinpressen wollen. Gemeint sind die Protagonisten der Erlebnisgesellschaft, des Hedonismus und der illusionslosen Selbstverwirklichung. Wenn ihre Frucht doch die Freude wäre! Dann könnte man folgen. Aber es gibt nichts, was Freude so ausschließt wie die Angst, etwas zu verpassen.

Und schließlich jene, die meinen, es gebe überhaupt keinen Sinn, überhaupt kein Ziel – für nichts und für niemanden. Heinrich Spaemann nennt sie die „modernen Menschen" und erzählt:

Ein „moderner Mensch" verirrte sich in der Wüste. Die unbarmherzige Sonnenglut hatte ihn ausgedörrt. Da sah er in einiger Entfernung eine Oase. „Aha, eine Fata Morgana", dachte er, „eine Luftspiegelung, die mich narrt. Denn in Wirklichkeit ist da gar nichts". Er näherte sich der Oase; aber sie verschwand nicht. Er sah immer deutlicher die Dattelpalmen, das Gras und vor allem die Quelle. „Natürlich eine Hungerphantasie, die mir mein halb wahnsinniges Gehirn vorgaukelt", dachte er. „Solche Phantasien hat man bekanntlich in meinem Zustand. Jetzt höre ich sogar das Wasser sprudeln, – eine Gehör-Halluzination. Wie grausam die Natur ist!" – Kurze Zeit darauf fanden ihn zwei Beduinen tot auf. „Kannst du so etwas verstehen?", fragte der eine den anderen, „die Datteln wachsen ihm beinahe in den Mund. Und dicht neben der Quelle liegt er verhungert und verdurstet. Wie ist das möglich?" Da antwortete der andere: „Das war ein moderner Mensch!"

Der Himmel – eine Fata Morgana? Unser Leben – ein Weg ohne Ziel? Das nachösterliche Fest der „Himmelfahrt" sagt etwas anderes: Der Himmel ist Wirklichkeit; und diese Wirklichkeit heißt Jesus Christus. Geht ihr hinaus und verkündet allen Menschen diese wahrhaft frohmachende Botschaft: Gott will auf immer Gemeinschaft sein mit Dir!

Himmelfahrt: Die Verheißung
der wahren Freiheit

Nach dem Tod des amerikanischen Filmschauspielers James Dean im Jahre 1955 – mit seinem Porsche raste er gegen einen Baum – weinten viele Mädchen auf offener Straße. Zehn Millionen Bilder von James Dean wurden verkauft. Ein Mädchen beging Selbstmord am Grab von James Dean. Dann kam die Marilyn-Monroe-Welle. Viele tausend Mädchen schneiderten sich Kostüme nach dem Vorbild der Schauspielerin, trugen dieselbe Frisur und ließen sich sogar durch Operation das Gesicht verändern, um der Monroe zu gleichen. Dann kamen die Beatles. Ganze Jahrgänge der Menschheit veränderten ihre Frisur. Sie ließen sich die Haare färben. Und in den USA wurde den Beatles sogar ein Tempel gebaut. Nach dem Tod von Elvis Presley dieselben Phänomene: Selbstmorde; Autogramme für 100 000 Dollar das Stück … Und auf der politischen Bühne ganz Ähnliches: Che Guevara, Ho Tschi Minh, Marcuse, Debray, Mao – um nur die zu nennen, die schon wieder Geschichte sind.

Der Soziologe Hemut Schelsky entdeckt hinter den Fans dieser Idole „eine Sehnsucht nach Freiheit". Diese oft bis zur Ekstase begeisterten Fans wollen frei sein von den Maßstäben der Leistung, des Erfolgs, des Prestiges. Und deshalb begeistern sie sich für Stars, hinter denen sie die ersehnte Freiheit vermuten.

In Wirklichkeit machen Idole nicht frei, sondern abhängig. Idole verlangen von ihren Fans, daß sie sich wie sie selber kleiden und frisieren, wie sie selber urteilen und verhalten. Viele junge Leute revoltieren gegen die Mode ihrer Eltern und lassen sich selbst von ihren Idolen in eine Mode zwängen, die zwar anders als die der Eltern, aber nicht weniger diktatorisch ist. Man revoltiert gegen Uniformen und uniformiert sich selbst. Idole sind nur äußerlich anders als alle sind. Sie vermitteln nur eine Illusion von Freiheit. Sie sind nicht selten wie eine Droge. Sie verändern nicht den verhaßten Alltag ihrer Fans. Sie verleiten zur Flucht in eine Scheinwelt. Wer ihnen verfällt, wird abhängig und verhält sich schließlich zur Wirklichkeit seines Alltags wie ein Drogensüchtiger zu dem, was er haßt.

Der als Kirchenmann kaum verdächtige Helmut Schelsky behauptet: „Die Heiligen sind das glatte Gegenteil der Idole." Heilige brechen nicht aus aus der Enge, Armseligkeit, Gewöhnlichkeit und Eintönigkeit ihres von Hindernissen verriegelten Alltags, sondern sie verändern diesen Alltag durch ihre Unabhängigkeit von dem, was die anderen tun und denken. Ein Heiliger wird nicht von Stimmungen bestimmt, auch nicht von Situationen. Im Gegenteil: Ein Heiliger ist wirklich frei.

Solche Freiheit kann nur einer haben, der sich unbedingt – ohne Bedingung! – geliebt und gewollt weiß. Was diese Gewißheit bedeutet, haben Menschen immer wieder geschildert: z. B. der französische Mathematiker und Philosoph Blaise Pascal. Nach seinem Tod fand einer seiner Diener eingenäht in seinen Mantel ein Blatt mit der Überschrift „Zur ewigen Erinnerung" – ein Blatt mit dem Gestammel eines Menschen, dem Gott plötzlich und mit einer Intensität, die wir nur ahnen können, zur Gewißheit wurde. Da stammelt der große Wissenschaftler: „Gewißheit, Gewißheit, Freude, Unendlichkeit, Freude, Tränen der Freude, oh, Du mein Herr und mein Gott!"

Oder André Frossard, als Sohn des ersten Generalsekretärs der Kommunistischen Partei Frankreichs in einer dezidiert atheistischen Familie aufgewachsen, später einer der bedeutendsten Journalisten des Landes. Als junger Mann betritt er – vergeblich auf sein Mädchen wartend – aus Langeweile eine Kirche, in der das Allerheiligste ausgesetzt ist. Als er die Kirche verläßt, ist er felsenfest überzeugt: Christus ist der Weg und die Wahrheit und das Leben. Unzufrieden mit den eigenen Worten hat er in seinem Bestseller mit dem Titel „Gott existiert. Ich bin ihm begegnet" seine Gewißheit zu begründen versucht[66].

Oder nehmen wir jene berühmt gewordene Sammlung von Berichten, in denen Menschen, die für medizinisch tot erklärt waren, über ihr „Leben nach dem Tod" erzählen[67]. Zu den Menschen, die Dr. Raymond Moody befragt hat, gehören Angehörige jedweder Weltanschauung und Herkunft. Sie alle berichten – wenn auch mit unterschiedlichen Ausdrücken und Bildern – Ähnliches über das, was „nach ihrem Exitus" geschehen ist. Ich greife das Beispiel eines dreißigjährigen Amerikaners heraus und fasse sein Selbstzeugnis wie folgt zusammen:

Ich hörte die Ärzte noch sagen, ich sei tot. Und von jenem Augenblick an hatte ich das Gefühl, durch Finsternis, durch eine Art riesigen Tunnel, zu fallen oder eher vielleicht zu schweben. Es war alles um mich herum pechschwarz. Aber ich bewegte mich auf ein Licht zu, das ich nicht beschreiben kann und das ich nicht mehr vergessen kann und nach dem ich mich auch heute noch immer sehne. Ich versuchte, mich mit aller Gewalt diesem Licht zu nähern. Aber da war irgendeine Schranke, die ich nicht überwinden konnte. Mir war bewußt, daß ich meinen Körper verlassen hatte. Das Licht war unbeschreiblich hell, aber es tat nicht weh. Ich sah das Licht nicht eigentlich als Person an. Aber in der Begegnung mit diesem Licht erreichte mich der Gedanke: „Liebst du mich?" Ich fühlte: Es lag an mir, daß ich dem Licht nicht so nahe kam, wie ich es ersehnte. Trotz der Sehnsucht nach dem allzu fernen Licht fühlte ich mich die ganze Zeit in überwältigende Liebe und Barmherzigkeit gehüllt. Bis dahin hatte ich an keinen Gott geglaubt. Nach meiner Rückkehr – ich weiß nicht wie – bin ich Christ geworden. Ich fühle mich seitdem so frei, so innerlich froh. Für mich hat alles Sinn.

Wie ich meine, kann man über diesen und die vielen anderen Berichte sehr unterschiedlicher Meinung sein. Vielleicht beruhen die geschilderten „Erlebnisse" auf einer bestimmten Abfolge von Suggestionen oder Reaktionen. Ganz sicher wird man sagen müssen: Bewiesen wird durch solche Berichte gar nichts.

Was mich dennoch an diesen Erzählungen angeblich (!) Toter fasziniert hat, das ist jeweils der Schluß. Immer und immer wieder ist da die Rede von einer unbedingten Gewißheit: Gott gibt es; und Gott ist nicht irgendetwas; Gott ist die Liebe. Nicht nur der zitierte Amerikaner, sondern fast alle von Moody gesammelten Berichte bekennen sich auf Grund dieser Gewißheit zu einem Leben nach den Kriterien Christi.

Was hier bestimmten Menschen auf spektakuläre Weise zur Gewißheit wurde, das sagt das Fest der Himmelfahrt nicht nur einigen Wenigen, sondern buchstäblich jedem einzelnen von uns: Du bist unabhängig von deinem An- und Aussehen, von deiner Begabung und deinem Besitz unbedingt gewollt, unbedingt geliebt. Du bist – in den Augen des Gottes, der mit seiner Liebe bis ans Kreuz gegangen ist – etwas ganz und gar Einmaliges.

Ich glaube, das hat die, die wir als Heilige verehren, irgendwann wirklich gepackt: diese Gewißheit, daß sie nichts – Hunger nicht und Kälte nicht, Tod nicht, Krankheit und Verachtung nicht – trennen kann von dem, der die unbedingte (bedingungslose!) Liebe ist. Auch sie haben oft lange mit sich ringen müssen. Aber irgendwann – auf ganz unterschiedlichen Wegen – sind sie befreit worden von dem Krampf derer, die meinen, sie selbst könnten ihrem Leben ein Ziel geben. Irgendwann wurden sie so unabhängig von dem, was nur äußerlich ist – von den Idolen des Erfolgs, der Karriere und des Geldes –, daß man von ihnen sagen konnte: Sie waren wirklich frei.

Gott traut diese Freiheit jedem zu – auch mir. Er hat – so formuliert es mit einer gehörigen Portion Ironie Sören Kierkegaard[68] – nicht nur den anderen, sondern auch mir „große Flügel" geschenkt.

Pfingsten: Das umgekehrte Babylon

Es gibt durchaus Menschen, die ohne Umschweife zugeben, daß sie leicht jähzornig werden, daß sie zu viel trinken oder auch schwach sind in bezug auf das andere Geschlecht. Aber nie bekennt ein wirklich hochmütiger Mensch, daß er hochmütig sei. Deshalb sagt die Hl. Schrift über den Hochmut, er sei die einzige Sünde, die nicht vergeben werden könne; er sei die „Sünde wider den Geist". Der Hochmütige *will* keine Vergebung; denn wenn er sie wollte, müßte er seine Schuld eingestehen; doch genau das kann er nicht, solange er hochmütig bleibt. Unkeuschheit, Jähzorn, Habgier, Trunksucht und Ähnliches sind im Vergleich zum Hochmut Mückenstiche. Unter Menschen, die den „fleischlichen" Versuchungen erliegen, sind Scherz und Geselligkeit keine Seltenheit. Aber die „Sünde wider den Geist" kennt nur Feindseligkeit. Wo sie ist, da ist Babylon. Denn der Hochmut lebt geradezu von der Feindschaft. Ein hochmütiger Mensch freut sich nicht an dem, was er hat, sondern daran, daß er mehr hat als andere. Stolz ist er nicht auf seinen Reichtum, auf sein Wissen oder seine Schönheit, sondern darauf, daß er mehr besitzt, mehr weiß oder schöner ist als die anderen. Der Habgierige will mehr Geld, ein schöneres Haus oder ein größeres Auto; aber das alles hat seine Grenzen. Was jedoch veranlaßt einen Mann mit hohem Einkommen, ein doppelt so hohes Einkommen zu erstreben? Nicht Habgier, sondern Hochmut: der Wunsch, reicher zu sein als andere, und vor allem das Streben nach Macht. Denn nichts genießt der Hochmut mehr als Macht. Zwar ist auch Eitelkeit ein Fehler, aber im Vergleich zum Hochmut ein harmloser. Eitelkeit zeigt, daß ein Mensch nach Anerkennung hungert; und das kann lächerlich, aber nicht unmenschlich erscheinen. Doch wenn sich ein Mensch über Lob und Tadel erhaben dünkt, wenn er verächtlich auf seine Mitmenschen herabschaut, dann wird er unmenschlich.

Vielleicht wurde noch nie so häufig über den Frieden

gesprochen wie zu unserer Zeit. Die Abrüstung der Waffen in Ost und West ist eines der meistdiskutierten Probleme geworden. Aber selten oder gar nicht spricht man von der Abrüstung des Hochmuts. Und doch ist wahrscheinlich diese Abrüstung der einzige Weg zu mehr Frieden: auf der kleinen Bühne der Gemeinde, des Arbeitsplatzes und der Familie ebenso wie auf den großen Bühnen zwischen Ost und West.

Von Albert Einstein stammt das Wort: „Nicht die Atombombe ist das Problem unserer Zeit, sondern das menschliche Herz."

Pfingsten hat eine Vorgeschichte, und die heißt „Babylonische Sprachverwirrung". Wir kennen alle die Geschichte von dem Turm, den die Menschen bauen wollten, um da zu sein, wo Gott ist. Und wir wissen, daß das ein Bild für den Hochmut ist und für die Folgen des Hochmuts: für Feindseligkeit und Entzweiung und Uneinigkeit und Sich-nicht-mehr-verstehen. Paulus sagt: Der Hochmut ist die Sünde „wider den Geist". Damit ist gesagt: Hochmut ist genau das Gegenteil dessen, was der Heilige Geist ist. Hochmut lebt vom Gegensatz.

Babylon ist überall.

Auch innerhalb der Kirche. Da gibt es so viele, die die Brücke zum Du, zum Wir einfach abbrechen und meinen: „Christus ja, aber mit denen, die er die Glieder seines Leibes genannt hat, will ich nichts zu tun haben. Ich komme ohne die aus." Es muß nicht Aggression sein. Gleichgültigkeit zerstört die Einheit ungleich nachhaltiger als Krieg.

Von der Einheit der Konfessionen zum Beispiel sind wir nicht deshalb so weit weg, weil sich die Gläubigen streiten. Im Gegenteil: Wo in der Sache gestritten wird, da ist Interesse, Leidenschaft für die Wahrheit, Respekt vor den Argumenten des Anderen und vor allem Leben. Wo aber Gleichgültigkeit herrscht, wo so viele einzelne nie mehr erscheinen, wo so viele nicht einmal eine Stunde in der Woche erübrigen, da zerbricht die Einheit.

Babylon ist überall.

Mitten durch viele Familien geht ein Riß, ein Sprachriß, eine Grenze. Die Familienmitglieder wohnen noch zusammen, sprechen die gleiche Sprache, aber sie verstehen sich nicht mehr. Die Väter nennen diese Sprachlosigkeit „acedia". Gemeint ist, was Kierkegaard die „Krankheit zum Tode" und „die Verzweiflung der Schwachheit" nennt. Gemeint ist ein Sich-einrichten und Sich-selbst-genügen: Betriebsamkeit statt Sammlung, Kritiksucht statt Güte, geistige Öde und Genußsucht. Die „acedia" ist das größte Hindernis, das der Mensch gegen das Kommen der Freude, gegen das Kommen Gottes in sein Herz und sein Leben, errichten kann. Die „acedia" verhärtet und verschließt den Menschen in sich selbst wie in einen Panzer.

Babylon ist überall.

Wieviele Hoffnungen sind schon durch einen jeden von uns zertreten worden, wieviele Gespräche in einem Verstummen versandet, wieviele Entwicklungen und Anregungen zum Guten einfach abgeknickt worden? Bei wievielen von uns ist Leben in Langeweile und Leere, Gemeinschaft in Entfremdung, Versprechen in Treuelosigkeit geraten!

Babylon ist überall.

Weiten wir unseren Blick auf die großen Bühnen dieser Welt! Denken wir nur an die teuflische Unentrinnbarkeit von Kriegen, die – zum Beispiel auf dem Balkan – wie ein Geschwür aufbrechen, obwohl sie doch niemand will. Denken wir an den undurchdachten Hochmut ganzer Völker und gesellschaftlicher Gruppen in den Völkern, an Vergiftung durch Rassen- und Klassenhaß. Mitten in dem so gebildeten Europa wurden sechs Millionen Juden auf bestialische Weise ermordet, weil sie zu einer anderen Rasse gehörten. Das sind schmerzliche Erfahrungen unserer Zeit: Verweigerung von Menschenrechten, Intoleranz, Fanatismus, Unfrieden, sinnloses Morden. Überall entdecken wir neue Möglichkeiten des Fortschritts, zugleich aber auch neue Ängste und Bedrängnisse. Mächtig sind wir geworden; aber was machen wir mit unserer Macht? Es gibt unendlich viel Wohlstand und Reichtum. Aber noch nie haben so viele Menschen gehungert wie heute. Der Freiheitsraum des einzelnen wird immer größer; und zugleich entstehen neue Formen psychischer und sozialer Knechtung. Die Menschheit verlangt nach internationaler Solidarität und Einheit; zugleich aber ist sie auseinandergerissen in wirtschaftliche und politische Machtblöcke.

Es gibt eine Umkehr von Babylon. Und die feiern wir am Pfingstfest.

Der Heilige Geist ist geradezu das Gegenteil des Hochmuts. Wo Heiliger Geist ist, da entstehen Brücken, da verstehen sich die Menschen, auch wenn sie ganz verschiedene Sprachen sprechen, da entsteht Einheit. Daß der Heilige Geist das Gegenteil des Hochmuts ist, drücken unsere Pfingstlieder aus, indem sie rufen: „Komm *herab,* o Heiliger Geist!"

Wenn wir von einem geistvollen Beitrag oder einer hochgeistigen Sache sprechen, dann denken wir von unten nach oben. Das Geistige wird über dem Irdischen angesiedelt. Und nicht selten bricht er sich wieder Bahn: der alte Dualismus zwischen Leib und Geist. Ganz anders die Hl. Schrift: Wenn sie vom Geist spricht, beschreibt sie die umgekehrte Bewegung: von oben nach unten. Denn der Heilige Geist verbindet uns mit Christus, genauer gesagt mit der inkarnatorischen, mit der fußwaschenden Bewegung von oben nach unten.

Je wörtlicher und konkreter wir diese Tatsache nehmen, desto „wirklicher" wird unser Christsein. Ich denke zum Beispiel an einen Mann aus meiner früheren Gemeinde, der mir am 4. Juli 1985 folgenden Brief schrieb. Ich zitiere mit seiner Erlaubnis. Sein Schreiben mag etwas melodramatisch anmuten; aber ich ändere kein Wort, und ich kann versichern, daß der Verfasser, Vater dreier Kinder und Hauptschullehrer, alles andere als ein sentimentaler Spinner ist. Da heißt es in diesem Brief: „Mein Sohn hat seine Drohung wahr gemacht. Einen Tag nach seinem achtzehnten Geburtstag hat er seine Sachen gepackt und ist abgefahren – ohne Aussprache, ohne ein Wort des Abschieds. Vier Tage später kam ein Schreiben mit der Aufforderung, pünktlich den Unterhalt zu zahlen. Ich habe den Brief zerrissen; ich wollte sogar zum Rechtsanwalt gehen. Und – was für mich eine Qual war – jeden Morgen mußte ich an dem Haus vorbei, wo er jetzt wohnt – offensichtlich bei seiner Freundin. Jeden Morgen dieses Gefühl des Verlorenhabens, der Ohnmacht, der Verbitterung. Aber gestern – im Vorbeifahren – sah ich ihn selbst; zum ersten Mal seit seinem Auszug. Ich sah ihn nur einen kurzen Augenblick. Aber das hatte genügt, um zu wissen: Er ist krank – nicht nur körperlich, sondern viel tiefer. Ich fuhr weiter. Schließlich mußte ich meinen Unterricht erteilen. Georg wollte ja in Ruhe gelassen werden. Er hatte mir ja oft genug beteuert, daß er alt genug sei. Wenn ich ihm jetzt nachlaufe – dachte ich – hält er mich zu allem Überfluß für einen Weichling. Er wollte es ja so. Jetzt sollte er sehen. Und dann: Ich bin schon bei der nächsten Haltestelle ausgestiegen, obwohl in zehn Minuten die erste Unterrichtsstunde begann. Ich bin zu ihm gegangen. Und ich weiß jetzt: Das war keine Niederlage, sondern ein Sieg über die schlimmste Versuchung des Menschen, über die Verhärtung des eigenen Herzens."

Natürlich kann man aus dem Verhalten dieses Vaters keine Regel konstruieren. Er – er ganz persönlich – hat in dieser seiner Situation das einzig Richtige getan. Das ist Geisterfahrung, Erfahrung konkreter Vereinigung mit dem fußwaschenden Christus.

Vielleicht denkt mancher: Ich habe ganz andere Erfahrungen gemacht als dieser Vater. Alle gute Zuwendung, alle gute Zumutung hat den anderen nicht verwandelt. Unbestritten: Es gibt diese Erfahrung. Selbst von Jesus wird im Neuen Testament berichtet, daß sein gutes Sehen den reichen Jüngling nicht zu der Lebensumwandlung brachte, die er für ihn erhoffte. Es gibt die Freiheit des Anderen; es gibt das Übergewicht der Verschlossenheit und Verhärtung. Und dennoch: Es gibt auch eine Zuwendung, die so töricht ist, daß Paulus von ihr zu schreiben wagt: *„Alles* hofft sie!" Das ist die Wirklichkeit des Heiligen Geistes, das erst ist das Gegenteil des Hochmuts: dieses nie aufgebende „Dennoch".

Jeder von uns hat es irgendwann einmal – vielleicht sogar für die Dauer eines ganzen Lebens – mit einem Menschen zu tun, der sich immer und immer wieder verschließt, der neurotisch befangen ist. Und trotzdem traut uns Christus das Treubleiben zu.

Ein alter Priester, der es sich zur Aufgabe gemacht hat, die Last einiger schwieriger Mitbewohner seines Altenheims zu tragen, sagte mir: „Ich habe den Eindruck, daß diese Menschen nichts mehr suchen als die Verläßlichkeit meines Wohlwollens." Der Akzent lag auf „Verläßlichkeit". Es handelt sich ja um Menschen, die lange nicht mehr das aufrichtige Zugewandtsein eines anderen erfahren haben. Es handelt sich um mißtrauische und also auch hart gewordene Menschen. Das ist Umkehrung von Babylon, das ist gelebtes Pfingsten: wenigstens einen dieser Menschen nicht nur einmal, nicht nur einen Feiertag lang, nicht nur, wenn etwas zurückkommt, sondern immer wieder und trotz allem mit den Augen Christi sehen.

Die Gnostiker aller Zeiten haben aus Christus ein Prinzip, eine Idee, etwas „rein Geistiges" machen wollen und dabei das alles entscheidende Proprium des Christentums übersehen: Gott ist in Christus nicht nur scheinbar, nicht nur im übertragenen Sinn, sondern wirklich Mensch geworden; er ist nicht die Gattung Mensch, nicht die Idee eines Menschen, sondern ein konkreter Mensch geworden. Deshalb kann man Ihn nicht im Allgemeinen, sondern nur im Konkreten finden. Wäre Christus ein Prinzip oder eine Idee, dann wäre alles, was in Blut und Fleisch, in der Sarx, geschieht, ohne Belang; dann wären vor allem die Martyrer dumme Tölpel, weil sie meinten, die Wahrheit mit dem Leibe (konkret!) bezeugen zu müssen.

Was wir von Christus verstanden haben, ohne daß es in uns Fleisch wird, bleibt bloßer Gedanke, bloße Idee oder – was noch schlimmer ist – wird zum Prinzip. Täuschen wir uns nicht: Es gibt mehr gnostische Existenzen als man sieht. Und die Versuchung dazu liegt in uns allen. Man kann jahrelang Theologie studieren und trotzdem außen vor bleiben. Man kann das Brevier gewissenhaft absolvieren und trotzdem kein einziges Mal beten. Man kann täglich die eucharistische Liturgie feiern und trotzdem keinem einzigen Menschen die Füße waschen. Nur was Sarx (Fleisch) wird, sagt Irenäus, ist Vereinigung mit Christus im Heiligen Geist.

Er betrifft nicht nur die Theologen, der folgende Passus aus dem Tagebuch von Fridolin Stier:

„Und dann kam das Wort Gottes zu einem namhaften Theologen, dessen Buch vom *Wesen und Wirken des Wortes Gottes* demnächst erscheinen sollte. ‚Sie kommen mir höchst gelegen‘, sagte der Professor, ‚von meinem Buch haben Sie wohl schon gehört? Ich lese Ihnen gern einiges vor‘. Das Wort Gottes nickte: ‚Lesen Sie, Herr Professor, ich bin ganz Ohr‘. Er las; es schwieg. Als er zu Ende gelesen hatte, das Manuskript weggelegt hatte, sah er auf, und da sah er den Blick … Er wagte nicht zu fragen. Und dann endlich sprach das Wort Gottes: ‚Meisterhaft, Herr Professor, mein Kompliment! Aber – ob Sie es wohl verstehen? Wissen Sie, als Ojekt betrachtet, besprochen, beschrieben, wird mir seltsam zumute, grad, als ob ich meine eigene Leiche sähe … Einmal schreiben Sie, und das finde ich sehr treffend, ich wolle nicht primär Wahrheiten offenbaren – für wahr zu haltende Wahrheiten, sagten Sie –, ich wolle vielmehr den Menschen selbst. Das wär’s, Herr Professor, das! Und da war wieder dieser Blick: Das Wort Gottes erhob sich und ging zur Tür. ‚Was wollen Sie von mir?‘, schrie der Professor ihm nach. ‚Sie will ich‘, sagte das Wort Gottes, ‚Sie‘!"[69]

Ziemlich oft schon habe ich bei Diskussionen erlebt, daß einer plötzlich feststellte: So einig, wie wir meinten, sind wir uns gar nicht. Der eine sagt resigniert, aber „tolerant", daß er dies oder das einfach nicht mitvollziehen kann. Der andere fängt an, aggressiv bestimmte Inhalte des Glaubens zu bekämpfen, falls er sie nicht lässig über Bord wirft. Er kommt mit der Eucharistie nicht klar; er glaubt nicht an die „unbefleckte Empfängnis Marias"; er möchte den Papst absetzen; oder zweifelt, ob Gott zugleich allwissend und gut sein kann. Fast durchweg sind das sehr alte Fragen und Diskussionen; und ich hoffe, sie werden nie verstummen. Denn was daran irritieren sollte, ist nicht, daß sie laut werden. Im Gegenteil: Wenn sie nur noch mehr in Umlauf kämen! Nein, was daran ängstigt und traurig stimmen kann, ist, daß sehr viele – vielleicht die meisten – ihre Privatlösung schon getroffen haben nach dem Motto: „Jedem das Seine! Warum eigentlich darüber reden! Soll doch jeder für sich sehen, wie er's mit dem Glauben hält. Das macht man mit sich selber aus. Aus!"

Unsere angeblich nicht dogmengläubige Zeit hat ein Dogma jedenfalls verschlungen: dies nämlich, daß Religion Privatsache sei.

Natürlich ist Glauben einerseits eine allerpersönlichste Angelegenheit. Das Glauben nimmt mir keiner ab. Glaube ist immer auch der einsame Glaube Abrahams, des Menschen, der heraus muß aus den Selbstverständlichkeiten seiner Umwelt, heraus in die Nacht der Zweifel; und der fürchterlich alleinstehen kann mit seinen Entscheidungen. Denn die trifft keiner für ihn: kein Papst, kein Bischof, nicht die Eltern und nicht die Freunde, erst recht nicht die statistische Mehrheit.

Aber das bedeutet doch nicht, Glauben sei Privatsache. Im Gegenteil! Jeder, dem sein Glaube im wahrsten Sinne des Wortes „lebenswichtig" ist, möchte diesen Glauben mitteilen und sehnt sich nach Menschen, die seine Überzeugungen teilen.

Steckt nicht hinter dem privatisierenden Achselzucken nach dem Motto „Jedem das Seine!" eine ganze Portion Lieblosigkeit, Desinteresse am anderen und Desinteresse auch an der Wahrheit?

Viele nennen es „Toleranz", wenn ich den anderen einfach „sein lasse". Aber „sein lassen" kann auch abschreiben heißen. Der Ursinn des Wortes „Toleranz" heißt „dulden". Und das kann auch heißen: „Es ist mir gleichgültig, was du glaubst". Eine solche Einstellung widerspricht dem, was wir Pfingsten feiern, diametral. Denn die Ansicht, Religion sei Privatsache und deshalb so etwas wie ein Hobby oder Schrebergarten, ist letztlich die Weigerung, den Anderen als anderen verstehen zu wollen.

Für nicht wenige bedeutet das Attribut „katholisch" so viel wie: Mauern, moralischer Zeigefinger; kleinkariertes Milieu; Konfessionalismus, Enge, Abgrenzung. Nicht selten wurde der Vorschlag gemacht, man solle das Wort schon aus ökumenischen Gründen aus dem Credo streichen. Zugegeben: Das Wort scheint belastet. Tausend Ängste und schlechte Erfahrungen scheinen daran zu haften. Für viele heißt „katholisch" so viel wie „römisch-katholisch" oder „kölsch-katholisch" oder „bayrisch-katholisch". Wer weiß schon die richtige Übersetzung für dieses griechische Wort? Und wer gibt dem, was man im Wörterbuch nachschlagen kann, den richtigen Klang?

Die Urbedeutung ist nicht leicht zu umschreiben. „Katholisch" heißt so viel wie „auf das Ganze hin". Ein „Ganzes" ist gemeint, und zwar „ganz und gar". Deshalb können mich andere Übersetzungen nicht recht zufrieden stellen. Daß die Kirche „christlich" sein soll, versteht sich von selbst; das muß nicht eigens gesagt werden. Und „allgemein" – das klingt mir zu sehr nach „Allgemeinplätzen"; davon gibt es in der Kirche schon genug.

Nein, das Wort „katholisch" scheint mir unentbehrlich.

Es drückt nämlich etwas aus, was mit dem Ursprung der Kirche, mit dem Pfingstfest, untrennbar zusammenhängt. „Katholisch" ist die Kirche, weil der einzelne als einzelner nicht Christ sein kann; weil die Summe aller einzelnen noch nicht das Ganze ist. „Katholisch" ist die Kirche erst, wenn jeder einzelne in ihr das Eigene für das Ganze öffnet; wenn er mitteilt, was er verstanden hat (und mag es noch so wenig sein); wenn er mitteilt, was er empfangen hat.

Das Gegenteil von „katholisch" ist nicht „evangelisch", sondern „häretisch". Auch das Wort „Häresie" kommt aus dem Griechischen; und es bedeutet wörtlich übersetzt nicht „Irrlehre", sondern: „Ich suche mir etwas aus. Ich wähle aus dem Ganzen das aus, was mir paßt." Jede Häresie lebt, genau genommen, von dem Funken Wahrheit, der in ihr steckt. Die berühmten Häretiker haben durchaus nicht immer Falsches verkündet. Meistens haben sie eine durchaus richtige Erkenntnis an die Stelle des Ganzen gesetzt (sie verabsolutiert). Sie waren nicht mehr offen für das Ganze, nicht mehr „katholisch".

Natürlich möchte ich unter „katholisch" ebenso wenig wie die Kritiker dieses Kirchenattributes das verstehen, was menschliche Borniertheit diesem Wort angehängt hat. Nichts ist „unkatholischer" als ein Konfessionalismus, der auf das Gegeneinander pocht. Was ich sagen möchte, ist dies: Nicht die Ausklammerung der Unterschiede, nicht die Angst, dem Andersdenkenden zu nahe zu treten, nicht die Konsenspapiere der Gremien, sondern die Katholizität des einzelnen Gläubigen bringt uns zur Einheit. Und deshalb frage ich, ob nicht die vielen gespenstisch leeren Kirchen Europas – wohlgemerkt in allen christlichen Konfessionen – uns tiefer von der Einheit in Christus trennen als die manchmal arge Polemik vergangener Zeiten. Der Rückzug ungeheurer Prozentzahlen in einen Glauben nach dem Motto „Jedem das Seine!" hat unendlich viele Brücken zum Wir, zur Gemeinschaft des Glaubens und damit zur Einheit der Kirche zerstört.

Ist nicht vieles in unserer Kirche so lahm, so kalt, so leb- und lieblos, weil es so viele – allzu viele! – gibt, die nach der Parole leben: „Mein Glaube ist Privatsache"? Ich jedenfalls fühle mich einem, mit dem ich über Inhalte meines Glaubens streiten kann, viel näher als einem, der Religion zur Privatsache erklärt und dem es „piepegal" ist, was ich denke, wenn ich ihn nur meinerseits in Ruhe lasse mit meinem Glauben. Streiten muß nicht dasselbe sein wie Zank und Entzweiung. Zank und Entzweiung sind niemals „katholisch", wie Paulus in seinem Brief an die zankenden Korinther schreibt. Aber man kann auch im guten Sinne miteinander „streiten" und „raufen". Man kommt sich dabei nicht unerheblich näher.

Der Heilige Geist ist Beziehung, und zwar so, daß er die Differenz derer, die zueinander in Beziehung treten, nicht aufhebt, sondern wahrt. Der Heilige Geist ist nur da, wo die Andersheit des Anderen anerkannt wird – was nicht heißt, daß sie nicht befragt und herausgefordert werden darf. Wenn wir wirklich „katholisch" wären – im Sinne zum Beispiel der ersten Jahrhunderte –, dann würden wir unsere Einsichten aufeinander prallen lassen, würden „streiten" können „im Heiligen Geist". Es würde „funken" zwischen uns. Es wäre Leben in der Kirche.

Ich weiß, daß manche sich besonders „katholisch" vorkommen, wenn sie sagen: „Das habe ich so gelernt, und dabei bleibe ich; da lasse ich nichts ‚daraufkommen'." Brav ist das, aber nicht katholisch! Jesus würde das „Kleinglauben" nennen. So war Petrus nicht. Gewiß, auch er hatte Angst. Auch er wollte sich absichern. Aber immerhin: Er wagte den Schritt auf das Wasser. Und die Kirche hat diesen Schritt trotz der manchmal erschütternden, blamablen, von Schuld triefenden Menschlichkeit ihrer Glieder immer wieder gewagt: den abenteuerlichen Weg aus der Enge heraus. Was für ein Weg! Aufbruch, Verfolgung, Entzweiung, Ringen um die Wahrheit, Versuchung der Macht, Verblendung, Schuld, Demütigung, mühsame Umkehr, und unter allem

Gestrüpp die nie erloschene Sehnsucht nach Christus. Sie stehen nebeneinander in derselben Kirche: Heilige und Verbrecher; Reiche und Arme; Christen und Mitläufer; Rechte und Linke.

Natürlich gab es römische Sackgassen: etwa die jahrhundertealte Vorstellung, ein Feuerländer müsse die lateinische Messe genauso lesen wie der Eskimo. Für den Zelebranten ist es natürlich ein tolles Heimatgefühl, wenn er in Hongkong weitermachen kann wie in Köln. Doch in der Sache ist Uniformität das Gegenteil von Katholizität. Der Heilige Geist ist ebenso Beziehung wie er Wahrung der Differenz ist. Wer sich auf Gottes Geist beruft, vereinnahmt den Anderen nicht, sondern entdeckt und anerkennt seine Andersheit. Viel zu spät hat die Kirche begonnen, die Vielfalt der Kulturen, den Reichtum der Völker und Sprachen anzuerkennen. Das Römische ist noch längst nicht katholisch!

Aber: Sind wir selbst katholisch? Bin ich katholisch? Ist meine Pfarrgemeinde im ursprünglichen Sinne dieses Wortes katholisch? Öffne ich das, was ich vom Christentum verstanden habe, für das Ganze? Setze ich das Meinige dem Anderen aus – auch seiner Kritik? Teile ich mich mit?

Frage: Was ist das Medium der (Selbst-)Mitteilung? Antwort: Unser Leib. Nur weil ich Augen, Ohren, Mund und Zunge habe, kann ich kommunizieren. Was mitgeteilt wird, bekommt Hand und Fuß, wird konkret. Was ich für mich behalte, bleibt „meine Idee". Deswegen ist das Ende aller Wege des Heiligen Geistes (der Selbstmitteilung Gottes) die Leiblichkeit!

Das Ereignis des Geistes ist das Ereignis der Katholizität. Und das beginnt nicht in Afrika oder Asien, sondern vor der eigenen Haustür. Mir stehen zwei Brüder vor Augen – grundverschieden; der eine Arzt, der andere Lehrer. Der eine neigt mehr zu den Grünen, der andere ist stockkonservativ. Was hat es da in Diskussionen oft gekracht! Der Lehrer – einfach aus der ständigen Begegnung mit jungen

181

Leuten heraus – kritisiert die Institution, die Anonymität der Volkskirche, plädiert für die Basis, für die Demokratisierung der Strukturen, für das Frauenpriestertum. „Kirchenträume" könnte man sein Plädoyer überschreiben.

Soll er diese Träume nicht träumen? Ist es nicht gut, wenn er in Frage stellt und nach Alternativen sucht?

Ganz anders der Bruder: Ein Verächter allen Schwärmertums; einer, der täglich den Querschnitt der Menschheit in seiner Praxis sieht und gerade dies so großartig an seiner Kirche findet, daß sie auch den letzten Zaungast und armen Sünder hinter der Säule und am Weihwasserbecken ernst nimmt.

Hat nicht auch er recht? Sind nicht beide Brüder auf eine köstliche und unentbehrliche Weise katholisch? Nicht auszudenken, wenn jeder, der sich „katholisch" nennt, das Seine einbringen würde wie diese beiden Brüder – heftig miteinander ringend, diskutierend, streitend. Das wäre „Pfingsten konkret". Das wäre im Kleinen, was wir im Großen erhoffen.

Ermutigung zur Treue

Nicht selten wird die Meinung vertreten, das Beten, das nicht spontan und aus dem Herzen komme, sei nicht echt. Also sei es ganz in Ordnung, wenn Menschen das Beten auf die Gelegenheiten des Glücks oder der Not beschränkten. Doch einmal abgesehen davon, daß diese Gelegenheiten keineswegs selbstverständlich und insgesamt eher selten sind, bleibt eine situative Beziehung zu Gott oberflächlich, abhängig von Stimmungen und ichbezogen. Erst wenn ich meine Gedanken, Pläne, Worte und Werke regelmäßig vor sein Antlitz trage, kann Gott an und in mir handeln. Erst wenn ich mich für Gott so wie eine Pore für das Wasser öffne, lasse ich mein Handeln vom Handeln Gottes bestimmen. Erst wenn ich auch in Zeiten der Zweifel und Niedergeschlagenheit, des Dunkels und der Dürre bete, überwindet mein Beten die Schwerkraft des eigenen Gefälles.

Wie jede Ehe und jede Freundschaft Krisen erfährt, erlebt auch die Gebetsbeziehung Krisen. Große Heilige sprechen offen von Zeiten, in denen es ihnen schwer fiel, beim Beten irgendetwas zu empfinden. Auch sie mußten sich oft über Jahre an die eiserne Ration des auswendig Gelernten und der regelmäßig reservierten Gebetszeiten klammern. Die Versuchung ist groß, sich mit allen möglichen Entschuldigungen vom Beten zu dispensieren. Aber in diesem Punkte sollte man eisern sein. Treue ist die Grundvoraussetzung jedes geistlichen Lebens.

Gott will nichts ohne uns tun. Ja, man darf sagen: Nachdem er die Schöpfung und als deren Ziel den Menschen gewollt hat, kann er nichts ohne uns tun. Aber wir sollten auch nichts ohne ihn tun wollen; und das heißt: Wir sollten nichts tun wollen ohne Gebet.

Der Bundeswille Gottes ist ein Grunddatum der biblischen Heilsgeschichte, geradezu ihr „roter Faden". Der trinitarische Gott ist Beziehung. Er bindet sich an seine Schöpfung, an sein Volk Israel, an seine Kirche, an jeden einzelnen von uns. Weil er die Liebe ist, ist jeder von uns eine unersetzliche Berufung.

Was der Kölner Jugendseelsorger Winfried Pilz jungen Leuten zugemutet hat[70], haben viele als Provokation empfunden. Aber ist seine „Zumutung" nicht auch eine „Ermutigung"? Lesen und urteilen Sie selbst:

„Es gab einmal in der Christenheit eine ganz große Sensibilität dafür, daß wir selbst die aussichtsloseste Situation der Welt in das himmelstürmende Gebet vor Gott hineinnehmen können. Was halten Sie von dieser Möglichkeit? Fragen Sie es sich ganz privat und ganz ehrlich. Wir können zugeben, daß die Beurteilung konkreter historischer Zusammenhänge durchaus im Zwielicht steht. Aber immerhin: darüber nachdenken sollten wir. Als im 16. Jahrhundert die Entscheidungsschlacht von Lepanto geschlagen wurde, lag die ganze Christenheit auf den Knien, und das Rosenkranzgebet kam seitdem in den Ruf, ein besonders mächtiges, wirksames Gebet zu sein. Das Abendland gewann die Schlacht gegen den Islam, nachträglich gesehen eine historische Stunde. Aber dem ‚modernen' Menschen sträuben sich die Haare bei der Vorstellung, hier einen Zusammenhang und eine historisch vertretbare Wertung zu sehen, zumal kaum ein Jahrhundert später Christen unter sich gegeneinander zu Felde zogen, gegeneinander beteten, sich verfluchten und umbrachten. Haarsträubend auch, daß 1917, im Jahr der Oktoberrevolution zu Fatima in Portugal die Marienerscheinung zu drei einfachen Hirtenkindern sagte, man müsse beten ‚für die Bekehrung Rußlands'. Haben Sie es schon mal getan? Schieben Sie die Frage nicht auf den Fatimaverein ab, sondern lassen Sie sich einmal erinnern und provozieren. Ich erinnere mich, das letzte Mal gehört zu haben, viele Menschen hätten eine Nacht lang auf den Knien gelegen damals, als russische Schiffe auf Kuba zusteuerten und Präsident Kennedy ultimativ mit einem Angriff gedroht hatte. Ich weiß noch, wie die Menschheit aufatmete, als die Schiffe in letzter Minute abdrehten, und es gehört zu den spannenden Fragen, die ich einmal später an Gott haben werde, ob das nächtliche Gebet so vieler Menschen mit diesem Ausgang der Krise zu tun hatte."

Anmerkungen

[1] Zit. nach: C. Münz, Der Welt ein Gedächtnis geben. Geschichtstheologisches Denken im Judentum nach Auschwitz (QD 169), Freiburg 1998, 223.

[2] Ebd., 227.

[3] Vgl. R. v. Sankt-Victor, Die Dreieinigkeit, übers. v. H. U. v. Balthasar, Einsiedeln 1980.

[4] Daß die „Auswortung" der *Selbst*mitteilung Gottes in Welt und Geschichte nie vollendet wird, daß deshalb alles Reden über Jesus Christus unter einem eschatologischen Vorbehalt steht, heißt nicht, daß die Einzigkeit seiner Person das Absolute eher verhüllt als offenbart hat. Dazu: P. Henrici, Die metaphysische Dimension des Faktums, in: Ders., Aufbrüche christlichen Denkens, Einsiedeln 1978, 27–35; J. Disse, Metaphysik der Singularität, Wien 1996.

[5] Vgl. H. Verweyen, Ontologische Voraussetzungen des Glaubensaktes. Zur transzendentalen Frage nach der Möglichkeit von Offenbarung, Düsseldorf 1969, 167–170.

[6] Vgl. C. Gestrich, Die Wiederkehr des Glanzes in der Welt. Die christliche Lehre von der Sünde und ihrer Vergebung in gegenwärtiger Verantwortung, Tübingen 1989, 186–193.

[7] Orte, in denen jeder dem in Christus ein für allemal in Geschichte und Welt inkarnierten Sinn begegnen kann, hat *B. Welte* (Auf der Spur des Ewigen, Freiburg 1965, 135) als „Gipfel des Seienden" beschrieben. Zu diesen „Gipfeln" zählt er: a) alle Gestalten der Wahrheit, z. B. Gesichter von Heiligen; b) jedwedes Handeln, das den Anderen (den Nächsten) um seiner selbst willen bejaht; c) Begebenheiten, in denen Menschen zur Freiheit befreit werden; d) Kunstwerke – und dazu gehören auch die der Natur –, in denen sich das Ganze von Sinn in einem Detail der Wirklichkeit oder einem Fragment der Schöpfung inkarniert; e) Liturgische Vollzüge, die eine alles unterfassende Bejahung ausdrücken; f) Gestalten von Communio, in denen der einzelne seine unbedingte Einmaligkeit erfährt; g) Aufgaben, in denen Menschen das Staunen lernen.

[8] J. Guitton – G. Bogdanov – I. Bogdanov, Gott und die Wissenschaft. Auf dem Weg zum Metarealismus, aus dem Frz. übers. v. E. Moldenhauer, München 1993. – Die folgenden Ausführungen beziehen sich auf dieses Buch. Wörtliche Zitate werden durch eingeklammerte Seitenzahlen bezeichnet.

[9] Abgesehen davon, daß Guitton den Spekulationen seines Lehrers Henri Bergson allzu unkritisch folgt (vgl. dazu S. 79 ff), fehlt in seinen Ausführungen die negative Theologie. Manche Formulierungen scheinen von der Verheißung einer alles erklärenden Weltformel geprägt. So schreibt er: „Heute möchte ich Bergson und Teilhard de Chardin recht geben; wie sie bin ich versucht zu glauben, daß die Materie aus Geist *gemacht* ist und daß sie uns folglich unmittelbar zur Anschauung Gottes führt." (81).

¹⁰ Dazu: H. J. Fahr, Der Urknall kommt zu Fall. Kosmologie im Umbruch, Stuttgart 1992.

¹¹ Als „Proton" bezeichnet die Physik ein positiv aufgeladenes, schweres Elementarteilchen, das den Wasserstoffatomkern bildet und mit dem Neutron (Elementarteilchen ohne elektrische Ladung) zusammen Baustein aller Atomkerne ist.

¹² Als „Elektron" bezeichnet die Physik ein elektrisch negativ aufgeladenes, leichtes Elementarteilchen.

¹³ Als „Elementarteilchen" werden alle subatomaren Existenzformen bzw. „Zustände" der Materie benannt. Außer den seit 1887, 1910 und 1932 bekannten Bestandteilen der Atome und Moleküle, den *Elektronen*, *Protonen* und *Neutronen*, sind in Beschleunigungsanlagen über 200 weitere, meist sehr schnell zerfallende Elementarteilchen entdeckt worden. Die kurzlebigen Elementarteilchen (z. B. *Neutrinos*, *Mesonen*, *Hyperonen* u. a.) sind Urheber und Träger aller atomaren und subatomaren Wechselwirkungsprozesse. Nach Art ihrer Wechselwirkung, ihrer Masse und der für sie gültigen Statistik lassen sich vier Familien unterscheiden: *Photonen*, *Leptonen*, *Mesonen* und *Baryonen*. Das *Photon* (Lichtquant) unterliegt allein elektromagnetischer Wechselwirkung, die *Leptonen* wechselwirken elektromagnetisch und „schwach", die *Mesonen* und *Baryonen*, die man auch als *Hadronen* zusammenfaßt, elektromagnetisch „schwach" und „stark". Man geht heute davon aus, daß die *Leptonen* und die *Quarks* die fundamentalen Bausteine der Materie sind; die *Hadronen* werden als Kombination von *Quarks* angesehen. Man nimmt an, daß die *Quarks* (ein *Quark* mißt 10 hoch minus 18 m) nur deshalb nicht als „freie" Elementarteilchen aufgewiesen werden konnten, weil sie möglicherweise nur in gebundener Form als Bestandteile der *Hadronen* existieren.

¹⁴ Die Desoxyribonukleinsäure (DNS) ist Träger der genetischen Information – ein komplexes Molekül, das aus einer sogenannten Doppelhelix besteht, die von zwei sich paarenden DNS-Strängen gebildet wird. Ihr Bau ist vergleichbar mit einer spiralig aufgewundenen Leiter, deren Sprossen die genetische Information in Form von Basensequenzen tragen. Die Seitenteile der Leiter werden von Zuckerphosphaten gebildet, die keine genetische Information tragen. Bei der Zellteilung wird die DNS-Doppelhelix so stark aufgewickelt, daß mikroskopisch sichtbare Strukturen (Chromosomen) entstehen.

¹⁵ Dafür, daß die Wechselwirkung der sogenannten „kleinsten Teilchen" die Außenseite eines unsichtbaren Informationsschemas ist, spricht z. B. folgende Beobachtung: Wenn man ein Kilogramm Radium in einer Stahlkammer verschließt und 1600 Jahre später wiederkommt, um nachzusehen, was geschehen ist, wird die Hälfte der Radiumatome verschwunden sein – gemäß dem wohlbekannten Prozeß des radioaktiven Zerfalls. Die Physiker sagen, daß die Halbwertzeit des Radiums 1600 Jahre beträgt – die Zeitspanne, in der die Hälfte der Atome eines Radiumblocks zerfällt. Frage: Könnten wir angeben, welche Radiumatome in 1600 Jahren zerfallen sind und welche nicht? Antwort: Wir haben keinerlei Möglichkeit herauszu-

finden, warum das eine Atom schneller zerfällt als ein anderes. Wir können vorhersagen, wieviele Atome zerfallen werden, aber wir sind außerstande zu sagen, welche. Konsequenz: Die Elementarteilchen müssen auf der Grundlage einer „Informationsmatrix" miteinander „kommunizieren".

Noch weiter reicht die Vermutung, die viele Naturwissenschaftler an das sogenannte „Doppelspalt-Experiment" knüpfen. Die Versuchsanordnung ist denkbar einfach: Man schiebt einen Schirm, in dem sich zwei parallele senkrechte Spalte befinden, zwischen eine fotografische Platte und eine Lichtquelle. „Was geschieht nun, wenn die [sogenannten] Photonen die beiden Spalte passieren und auf dem dahinterstehenden Schirm auftreffen? Seit 1801 lautet die klassische Antwort: Man beobachtet auf dem Schirm eine Reihe vertikaler, abwechselnd heller und dunkler Streifen, deren allgemeines Muster sofort an das Phänomen der Interferenzen erinnert. In diesem Fall müßte man daraus schließen [...], daß das Licht einer Flüssigkeit vergleichbar ist, die sich wellenförmig fortpflanzt, wobei diese Wellen von derselben Art sind wie die Wellen im Wasser" (111). Wenn ich jedoch im Sinne Albert Einsteins davon ausgehe, daß das Licht nicht aus Wellen, sondern aus Teilchen besteht, und „wenn ich experimentell zu verifizieren beschließe, ob das Photon wirklich ein Teilchen ist, das einen bestimmten Spalt passiert, dann verhält sich unser Photon ganz genau wie ein eine Öffnung passierendes Teilchen" (115).

Aus dem „Doppelspalt-Experiment" läßt sich folgern, daß die quantenphysikalischen Größen weder Welle noch Teilchen *sind*. Sie haben sowohl Wellencharakter als auch Teilchencharakter, doch beides nicht in vollständigem und ausschließlichem Maße. Die Interpretation als Welle schließt das Verstehen als Teilchen aus und umgekehrt. Dieser Charakter der Komplementarität zeigt, daß es keine konsistente Deutung des quantenphysikalischen Geschehens gibt. Von einem Elektron als einem Teilchen zu sprechen kann also nie eine Aussage über die Gesamtrealität des Elektrons sein, sondern immer nur eine Aussage über die Beobachtung in einem bestimmten Zusammenhang bei einem bestimmten Experiment. Indem man das Elektron beobachtet, zwingt man es, als Teichen mit einer bestimmten Position in Erscheinung zu treten. Nach dem Prinzip der Komplementarität schließen wir damit zugleich aus, daß das Elektron als Welle in Erscheinung treten kann.

Man kann den Eindruck gewinnen, daß die Photonen bzw. Elektronen „wissen", daß man sie beobachtet und auf welche Weise sie beobachtet werden. Allerdings sollte man diese Schlußfolgerung nicht bis zur Übertragung des Begriffs „Bewußtsein" auf die Entitäten übertragen, die das Quantenuniversum bevölkern. Es bleibt umstritten, ob es einen Einfluß des Beobachters auf das Verhalten der Quanten gibt, oder ob der Beobachter durch sein Experiment aus vielen verschiedenen Möglichkeiten der Gesamtrealität des Elektrons bzw. Photons eine auswählt. Tatsache allerdings ist: „Ein Teilchen existiert nur dann in Form eines punktuellen Objekts im Raum und in der Zeit, wenn es direkt beobachtet wird" (115f). Der Philosoph Jean

Guitton zieht daraus den (vielleicht etwas voreiligen) Schluß: Für mich gibt es „kein besseres Beispiel für die wechselseitige Durchdringung von Materie und Geist" (116).

[16] Wenn es „Leben" auf anderen Sternen des Weltalls geben sollte, könnten wir dieses nur dann als „Leben" diagnostizieren, wenn es mit dem, was wir „Leben" nennen, vergleichbar ist. Wie wahrscheinlich es ist, daß irgendwo noch einmal alle für die Entstehung notwendigen Konstanten konvergieren, wurde oben schon erwähnt. Wie wahrscheinlich die nochmalige Entwicklung eines einzigen RNS-Moleküls ist, drückt Grichka Bogdanov mit folgender Feststellung aus: „Damit die Verbindung der Nukleotiden [chemische Verbindungen, die besonders für den Aufbau der Nukleinsäure wichtig sind] ‚durch Zufall' zur Entwicklung eines verwendbaren RNS-Moleküls führt, hätte die Natur die Versuche aufs Geratewohl mindestens 10^{15} Jahre lang fortsetzen müssen, das heißt hunderttausendmal länger, als unser Universum alt ist. [...] Hätte der Urozean alle Varianten (das heißt alle Isomere) durchgespielt, die anhand eines einzigen, mehrere Hundert Atome enthaltenden Moleküls ‚durch Zufall' hätten hervorgebracht werden können, so hätte dies zur Konstruktion von mehr als 10^{80} möglichen Isomeren [chemischen Verbindungen] geführt. Das gesamte Universum enthält nun aber zweifellos weniger als 10^{80} Atome." (61).

[17] Man hat lange Zeit die These vertreten, das eigentliche Spezifikum des Verhältnisses zwischen Israel und seinem Gott Jahwe sei der Monotheismus gewesen. Israel habe seit Abraham durch Offenbarung die Wahrheit gekannt, daß es nur einen Gott gibt. Und nur um gegen das polytheistische Umfeld aller anderen Völker die Verehrung eines einzigen unsichtbaren Gottes überhaupt durchsetzen zu können, hätten die Propheten immer wieder zu dem Bild des eifersüchtigen Gottes gegriffen. Aber diese These hält, wie heute fast alle Exegeten übereinstimmend feststellen, einer genaueren Prüfung nicht stand. Es geht im ganzen Alten Testament nie um die theoretische Frage, ob es nur einen Gott gibt oder viele. Es geht immer nur um das Verhältnis des Bundes zwischen Jahwe und seinem Volk. Die Eifersucht Jahwes ist nicht nur ein von den Propheten aus pädagogischen oder didaktischen Gründen gewähltes Bild ihrer Predigten zum Thema „Monotheismus", sondern genuiner Ausdruck des Bundesverhältnisses.

[18] Der Begriff „Prozeßphilosophie" schließt alle Denkweisen ein, welche das Ereignis oder das Werden als die im Vergleich zum „Sein" oder zur „Substanz" fundamentalere Kategorie für das Verständnis der Welt betrachten. Vor allem der Zusammenbruch des Newtonschen Weltbildes der klassischen Mechanik und die Evolutionslehre haben dem Prozeßdenken einen starken Auftrieb gegeben. Zu dessen einflußreichsten Repräsentanten zählen in Frankreich Henri Bergson (1859–1941) und Pierre Teilhard de Chardin (1881–1955) und in den USA William James (1842–1910) und John Dewey (1859–1952). In der jüngsten Zeit allerdings hat der Begriff der Prozeßphilosophie in den USA eine spezifizierende Einengung erfahren, weil er unter den

dominierenden Einfluß des Denkens von Alfred North Whitehead (1861–1947) geriet. Während er die Transformationskraft der Evolution mit Gott bzw. „dem Göttlichen" identifiziert, unterscheidet Teilhard de Chardin zwischen dem „uneinholbar Eröffnenden" und dem „Eigensein" der Schöpfung, das er ähnlich wie Whitehead mit Begriffen der Anthropologie („Vorentwurf der Freiheit"; „Vorentwurf von Subjektivität") beschreibt.

¹⁹ Vgl. I. Kant, Kritik der praktischen Vernunft, A 54.

²⁰ Die neuere Exegese bezeichnet mit dem Ausdruck „Tun-Ergehen-Zusammenhang" die Beobachtung, daß Jahwe Israel nie als Objekt behandelt, daß von einem unmittelbaren Strafen, Vergelten, Belohnen oder Versöhnen keine Rede sein kann, daß Gottes Handeln vielmehr immer ein bundesgemäßes Handeln ist – auch gegenüber dem Sünder; denn dessen Strafe bzw. Buße erscheint zumindest in den Sühneriten des nachexilischen Tempelkultes als das von Jahwe dem Pönitenten gewährte Mittel, Subjekt des Versöhnungsvorgangs zu werden. Jahwes Verzeihen besteht also nicht in einer Aufhebung der Vergangenheit des Sünders, nicht darin, daß er ersetzt, was dieser für seinen Nächsten hätte tun müssen, sondern im Gewähren einer Zukunft, die der Pönitent selbst realisieren muß, indem er gegen den Widerstand des von ihm verursachten Unheils an seine (ihm von Jahwe im Bund mit Israel zugedachte) Stelle der Solidarität zurückkehrt.

²¹ Vgl. A. Görres, Erneuerung durch Tiefenpsychologie?, in: Tiefenpsychologische Deutung des Glaubens? Anfragen an Eugen Drewermann (QD 113), hg. V. A. Görres u. W. Kasper, Freiburg 1988, 133–174; 134.

²² F. Nietzsche, Götzen-Dämmerung. Sprüche und Pfeile 31, in: Werke II, hg. V. K. Schlechta, Darmstadt ²1994, 947.

²³ Anselm von Canterbury, Cur Deus homo. Warum Gott Mensch geworden ist, lat.-deutsch hg. v. F. S. Schmitt, Darmstadt ³1970, II/20 (152).

²⁴ Röm 1,17: „Denn im Evangelium wird die Gerechtigkeit Gottes offenbart aus Glauben zum Glauben, wie es in der Schrift heißt: *Der aus Glauben Gerechte wird leben.*"

²⁵ Zur Text- und Interpretationsgeschichte dieser Formel: H. Rahner, Ignatius von Loyola als Mensch und Theologe, Freiburg 1964, 230–232; K.-H. Crumbach, Ein ignatianisches Wort, als Frage an unseren Glauben, in: GuL 42 (1969) 321–328.

²⁶ J. F. Six, Thérèse de Lisieux au Carmel, Paris 1973, 122.125.203.

²⁷ Thérèse de l'Enfant-Jésus et de la Sainte-Face, Correspondance Générale, t. II, Paris 1973, 620.

²⁸ Thérèse de l'Enfant-Jésus et de la Sainte Face, Correspondance Générale, t. II, Paris 1973, 663 f.

²⁹ Drewermann nennt das als Opfer bezeichnete Mit-Leiden mit Christus an der Sünde der anderen einen „masochistischen Triumph der Selbstzerstörung" (in: Kleriker. Psychogramm eines Ideals, Olten-Freiburg 1989, 176) und bemerkt über ähnliche Phänomene: „Es ist psychoanalytisch mit Händen zu greifen, *was* hier ideologisiert wird:

unzweideutig handelt es sich um die Gedankenwelt eines Überichs, das sich in Tagen geformt hat, wie wir sie als Hintergrund einer klerikalen Psychogenese generell herausgearbeitet haben: ein erdrückendes Leid (der Mutter zumeist), das die ganze ‚Welt' (des Kindes) überschattet und deshalb später die ganze Weltsicht entscheidend prägen wird; das strikte Verbot, innerhalb einer solchen ‚Welt' auf irgend etwas Eigenes Anspruch zu machen; und die Absolutsetzung solcher Erfahrungen in der Ersetzung der Mutter durch die Rolle des Christus" (ebd. 683).

[30] F. Ulrich (Gebet als geschöpflicher Grundakt, Einsiedeln 1973, 97) mit Bezug auf Thereses „Gedichte" (Office Central Lisieux), 412.

[31] Mutter Teresa: „Ohne unser Leiden wäre unsere Arbeit nur Sozialarbeit, sehr gut und hilfreich, aber sie wäre nicht die Arbeit Jesu Christi, nicht Teil der Erlösung. Jesus wollte helfen, indem er unser Leben teilt, unsere Einsamkeit, unsere Schmerzen, unsern Tod. Nur weil er eins mit uns wurde, hat er uns erlöst. Wir dürfen das gleiche tun; all das Elend der armen Leute, nicht nur ihre materielle Armut, sondern auch ihre geistige Not, muß erlöst werden, und wir müssen es teilen, denn nur, wenn wir eins mit ihnen sind, können wir sie erlösen, das heißt, daß wir Gott in ihr Leben bringen und sie zu Gott bringen" (zit. aus: M. Muggeridge, Mutter Teresa. Leben und Wirken der Friedensnobelpreisträgerin, Freiburg ⁸1980, 58).

[32] Ignatius v. Loyola, Die Exerzitien, übers. v. H. U. v. Balthasar, Einsiedeln ⁹1986. – Zitiert wird im folgenden unter der Kürzel EB.

[33] Wörtlich bemerkt Ignatius: „Ich rede von Trost, wenn in der Seele eine innere Bewegung sich verursacht, bei welcher die Seele in Liebe zu ihrem Schöpfer und Herrn zu entbrennen beginnt und demzufolge sie kein geschaffenes Ding auf dem Antlitz der Erde mehr zu lieben vermag, es sei denn im Schöpfer ihrer aller. […] Ich nenne Trostlosigkeit alles, was dazu in Gegensatz steht, als da ist: Verfinsterung der Seele, Verwirrung in ihr, Hinneigung zu den niedrigen und erdhaften Dingen, Unruhe verschiedener Getriebenheiten und Anfechtungen, die zum Mangel an Glauben, an Hoffnung, an Liebe bewegen, wobei sich die Seele ganz träg, lau, traurig findet und wie getrennt von ihrem Schöpfer und Herrn. […] Zur Zeit der Trostlosigkeit soll man nie eine Änderung treffen, sondern fest und beständig in den Vorsätzen und der Entscheidung stehen, in denen man am Tag vor dieser Trostlosigkeit stand, oder in der Entscheidung, in der man im vorausgehenden Troste stand." EB 316–318). Und: „Einzig Gott unser Herr kann ohne vorausgehenden Grund der Seele Trost geben; denn es ist dem Schöpfer vorbehalten, in sie einzutreten, […], sie so zu bewegen, daß Er sie ganz in die Liebe zu Seiner Göttlichen Majestät hineinzieht. Ohne Grund soll heißen: ohne vorausgehendes Fühlen oder Erkennen irgendeines Gegenstandes, der ihr vermittels der Akte ihres Verstandes und Willens eine solche Tröstung herbeiführen würde" (EB 330).

[34] Vgl. E. Przywara, Deus semper maior. Theologie der Exerzitien, 2 Bde., Wien–München 1964.

[35] Der erste Grad der Demut liegt in der Bereitschaft, um keinen Preis der Welt (Ignatius nennt wohl in Anspielung auf die Versuchung Jesu die Möglichkeit, Herr über alles Geschaffene zu werden) das Gesetz des Herrn zu verlassen (EB 165). Der zweite Grad liegt in der Bereitschaft, wenn es denn dem „Im-Heiligen-Geiste-Sein" bzw. meiner „Zugesellung zu Jesus Christus" dient, Armut und Reichtum, Ehre und Schmach für gleich gut zu erachten (EB 166). Der dritte Grad der Demut schließlich ist dann erreicht, wenn ich – ganz meinem Ruf treu – die Verähnlichung mit dem armen, kreuztragenden Christus erbitte (EB 167).

[36] E. Przywara, Deus semper maior, Theologie der Exerzitien, Bd. II, Wien–München 1964, 295.

[37] H. U. v. Balthasar, Stellvertretung. Schlüsselwort christlichen Lebens (Leben im Geist 4), hg. v. Informationszentrum „Berufe der Kirche", Freiburg 1976, 3.

[38] D. Sölle, Das Recht, ein anderer zu werden. Theologische Texte, Neuwied–Berlin 1971, 130–132.

[39] In einem Gottesdienst haben Jugendliche selbstkritisch ihre Konsumentenhaltung mit folgendem Bild veranschaulicht: *Irgendwo sollte eine Hochzeit gefeiert werden. Die Brautleute hatten nicht viel Geld. Aber dennoch waren sie der Meinung, daß viele Menschen mitfeiern sollten. Geteilte Freude ist doppelte Freude, dachten sie. Es sollte ein großes Fest werden, beschlossen sie, – mit vielen Gästen. Denn warum soll unsere Freude nicht ansteckend sein?, fragten sie sich. Also baten sie die Eigeladenen, je eine Flasche Wein mitzubringen. Am Eingang würde ein großes Faß stehen, in das sie ihren Wein gießen könnten. So sollte jeder die Gabe des anderen trinken. Als nun das Fest eröffnet wurde, liefen die Kellner zu dem großen Faß und schöpften mit großen Löffeln daraus. Doch wie groß war das Erschrecken aller, als sie merkten, daß in dem großen Faß mehr Wasser als Wein war. Versteinert saßen diejenigen da, die gedacht hatten: ‚Heute feiere ich auf Kosten der anderen. Die eine Flasche Wasser, die ich in das Faß gieße, wird keiner bemerken.' Auch wenn die Kapelle noch spielte, konnte sich keiner mehr freuen. Ein Fest jedenfalls hatte nicht stattgefunden.*

[40] J. Pieper, „Entsakralisierung"?, München 1970, 29.

[41] Ebd. 28.

[42] „Zu Christus beten heißt wesentlicherweise nicht, Ihn anbeten oder um Hilfe bitten. Selbstverständlich auch das; aber das richtet sich auf Gott einfach hin. Das eigentliche Gebet zu Christus hingegen vollzieht jenes Verhältnis, in das er uns hineingenommen hat" (R. Guardini, Vorschule des Betens, Einsiedeln [7]1964, 131).

[43] Vgl. Lk 6,12f; 9,28f; 11,1f; 22,41f; 23,46.

[44] K. Rahner, Erfahrung des Heiligen Geistes, in: Schriften XIII, Einsiedeln 1978, 226–251; hier: 240.

[45] Vgl. J. B. Metz, Glaube in Geschichte und Gesellschaft. Studien zu einer praktischen Fundamentaltheologie, Mainz [4]1984, 143.

[46] „Erfahrung", so betont Boff, „darf nicht einfach mit Erlebnis identifiziert werden, das heißt mit inneren Gemütsbewegungen, intimen

Tröstungen und göttlichen Visionen und Auditionen. Wir möchten nichts von dem in Abrede stellen, zumal ja auch die Geschichte echter Heiliger – in all ihren unterschiedlichen Lebensläufen – sehr wohl solche Phänomene aufzuweisen hat. Erleben ist eine Komponente von Erfahren. Aber wenn die Erfahrung von Gnade auf den Umfang von Erlebnissen reduziert würde, dann wäre sie eben ein Privileg, ja ein Luxus nur für Eingeweihte. Wenn wir indessen von Erfahrung sprechen, dann denken wir nicht primär an eine psychische Disposition der Gefühle (Erleben), sondern an etwas Komplexeres und Tieferes. Erfahrung ist die Weise, wie wir mit der Welt in Beziehung treten; oder die Weise, wie wir die Welt in uns und uns in der Welt vergegenwärtigen." (Erfahrung von Gnade, Düsseldorf ²1985, 59). Boff geht davon aus, daß Gott, weil er Selbstmitteilung ist, in der Welt da ist. „Welt", so schreibt er , „ist immer durchdrungen und durchwirkt von der Gnade Gottes, denn trotz des Vorhandenseins der Sünde und des Neins von seiten des Menschen verweigert sich die göttliche Liebe nie und hört niemals auf, sich dem Menschen mitzuteilen. Gott ist immer in vollkommener Weise in der Welt präsent, die Welt jedoch ist nicht immer in derselben vollkommenen Weise in Gott. Welt und Mensch lassen Gott nicht immer durchscheinen und können es verhindern, daß die Gegenwart Gottes zutage tritt und phänomenologisch wahrnehmbar wird. Aber diese Hindernisse zerstören die Präsenz Gottes nicht, sie verhindern nur, daß sie in der Welt geschichtlich Gestalt annimmt, und erschweren die Erfahrung von Gnade" (ebd. 134).

[47] Vgl. ebd. 154–157.
[48] Zit. aus „Unsere Brücke". Mitteilungen der Katholischen Jugend der Erzdiözese Freiburg Nr. 2/78.
[49] Vgl. C. S. Lewis, Pardon – ich bin ein Christ. Meine Argumente für den Glauben, Basel–Gießen ⁴1979, 155–159.
[50] Vgl. R. Bach, Die Möwe Jonathan, illustriert v. R. Munson, Frankfurt–Berlin ¹⁹1979.
[51] Gerade im Bereich esoterischer Gruppen trifft man auf infantile, oft auch verzweifelte Versuche, der Welt der Machbarkeit durch eigene „Mache" zu entfliehen; z.B. durch Meditationstechniken, selbstgebastelte Therapien und Riten.
[52] Walter Kern (Alter Glaube in neuer Freiheit, Innsbruck 1976, 51) sieht in Nietzsches These von der ständigen Wiederkehr des Gleichen eine neue Spielart der zyklischen Weltanschauung, wie sie sich in dem griechischen Mythos jenes Sisyphos verdichtet, der in der Unterwelt dazu verdammt ist, einen großen Stein einen hohen Berg hinaufzuschaffen – einen Stein, der kurz vor Erreichen des Gipfels immer wieder nach unten rollt. Zur Rezeptiom dieses Mythos durch Albert Camus vgl. die ausgezeichneten Analysen von: G. Neuhaus, Theodizee – Abbruch oder Anstoß des Glaubens, Freiburg 1993, 122–164.
[53] J. H. Newman, Pfarr- und Volkspredigten, Bd. VII, übers. v. der Newman-Arbeitsgemeinschaft der Benediktiner von Weingarten, Stuttgart 1955, 205.

54 Im Anschluß an Fritz Riemann (Grundformen der Angst, neueste
Aufl. München 1991) vertritt Eugen Drewermann die Auffassung,
 – „daß die Kierkegaardsche Form der Verzweiflung der Unendlichkeit [der Versuch eines Menschen, verzweifelt nicht er selbst sein
zu wollen] existentiell der psychoanalytischen Neuroseform der
Depression entspricht; es ist der ‚Sinn‘ dieser Verzweiflung, das
Endliche, Bedrohliche, das eigene gefährdete Selbst abzustreifen
und auf phantastische Weise ins Unendliche zu verströmen; und es
zeigt sich, daß die Neurose der Depression existentiell einer bestimmten Art von Verzweiflung gleichkommt, die an den eigenen
unendlichen Selbstüberforderungen in einem totalen ‚Insuffizienz-
gefühl‘ und in einem Abgrund von Schuldgefühlen, überhaupt auf
der Welt zu sein, zugrunde geht“ (Strukturen des Bösen III, 471);
 – „daß die Kierkegaardsche Form der Verzweiflung der Endlichkeit
[der Versuch eines Menschen, verzweifelt er selbst sein zu wollen]
der Neuroseform der Schizoidie entspricht, daß also existentiell
der Schizoide im Grunde ein Verzweifelter ist, der nicht dazu
kommt, im Endlichen ein Selbst zu finden, weil ihm ein Halt im
Unendlichen fehlt“ (ebd. 472);
 – daß die Kierkegaardsche Form der „Verzweiflung der Möglichkeit“ (der Versuch eines Menschen, jede Art von Notwendigkeit
als beengende Zumutung zu fliehen) dieselben Merkmale aufweist,
die die Psychoanalyse in der Neuroseform der Hysterie erkennt:
„die endlose Suche des Hysterikers nach einem gottgleichen Halt,
den er freilich weder in Gott, noch in sich selbst, sondern im anderen Menschen sucht“ (ebd. 476);
 – daß die Kierkegaardsche Form der „Verzweiflung der Notwendigkeit“ (der Versuch eines Menschen, sich vor der Unruhe und
Herausforderung des Lebens in das Gewisse und Sichere zu flüch-
ten) dieselben Merkmale aufweist, die die Psychoanalyse in der
Zwangsneurose erkennt: Der Neurotiker betet nicht, weil Gott
nicht berechenbar ist; aber die menschliche Existenz „muß dann
notgedrungen ohne die Hoffnung der Möglichkeit existieren, die
Gott ist, mit dem sie in einem Dialog von Person zu Person treten
kann“ (ebd. 479).
55 Zitiert nach: H. Wolandt (Hg.), Jesus – Ein kritisches Lesebuch,
München 1993, 110.
56 J. Bours, Nehmt Gottes Melodie in euch auf, Freiburg ⁶1985, 190f.
57 „Darauf nahm er die fünf Brote und die zwei Fische, blickte zum
Himmel auf, brach die Brote und gab sie den Jüngern, damit sie sie
an die Leute austeilten“ (Mk 6,41).
58 Aus dem Gedicht „Ganz nahe“ , zit. aus: W. Willms, Roter Faden
Glück. Lichtblicke, Kevelaer ⁴1982, 197f.
59 A. Görres, Kennt die Religion den Menschen?, München ³1986, 94f.
60 Wenn man einmal absieht von dem komplexen Problem des Verhältnisses zwischen dem Dienst der Apostel und dem Dienst der
Gemeindeleitung innerhalb der nachapostolischen Kirche, dann ist
nicht zu bezweifeln: Paulus sieht sich auf Grund seiner apostolischen
Vollmacht nicht nur in der Gemeinde, sondern auch im Gegenüber

zu ihr. Als von Christus her autorisiertes Gegenüber zur Gemeinde versteht er sich als sichtbares Zeichen dafür, daß die Kirche sich nicht aus dem Willen ihrer Mitglieder, sondern einzig und allein von der Autorität Jesu Christi herleitet. Das Verhältnis Christus/Kirche ist nicht umkehrbar; deshalb ist das apostolische Amt nicht nur so etwas wie die Initialzündung der Kirche, sondern bleibendes Charakteristikum ihrer Struktur. Dadurch daß jede Gemeinde auf einen durch die Weihe legitimierten Amtsträger angewiesen ist, erfährt sie ganz konkret: Sie kann sich das Entscheidende, die Gemeinschaft mit Christus, nicht selber geben. Wenn sie eines ihrer Glieder beauftragt, Christus zu repräsentieren, dann bedarf diese Beauftragung der in der Handauflegung des Bischofs ausgedrückten Bestätigung durch Christus selbst. Allerdings impliziert die Bezeichnung des auf dem Sakrament des Ordo beruhenden Priestertums als des „besonderen" keine rangmäßige Überordnung vor dem gemeinsamen Priestertum. Im Gegenteil: Zunächst einmal sind alle getauft und gefirmt; das gemeinsame Priestertum ist schon rein chronologisch gesehen das primäre; und als Träger des spezifischen Priestertums hört der Amtsträger nicht auf, als getaufter und gefirmter Christ mit allen anderen Trägerinnen und Trägern des gemeinsamen Priestertums im Volk Gottes zu stehen.

61 Zit. aus: J. Zink, Wie wir beten können, Stuttgart [13]1987, 232.
62 W. Borchert, Draußen vor der Tür, in: Ders., Das Gesamtwerk, Hamburg 1949, 127–200; hier: 181 f.
63 „Im Jahre 1969 hat man in Jerusalem die Gebeine eines Gekreuzigten in einem kleinen Steinsarg gefunden. Auf dem Steinsarg war auch der Name des Gekreuzigten verzeichnet: Jehohanon, was Johannes bedeutet, Dieser Fund gibt Hinweise auf die Art der Kreuzigung. Der gekreuzigte Jehohanon war ein noch junger Mann, etwa 26 Jahre alt. Mit einem 17 cm langen Nagel waren beide Füße zusammen angenagelt worden; der Nagel, noch mit einem Stück Holz behaftet, steckte in einem Fersenbein. Die Schienbeine waren zersplittert, also offenbar dem Gekreuzigten mit einer Keule zerschlagen worden, um den Tod schneller herbeizuführen. Bei den Händen waren in diesem Falle die Nägel nicht durch die Handflächen geschlagen, sondern durch die Arme zwischen Elle und Speiche. So ähnlich wird es wohl auch bei Jesus gewesen sein. Das Evangelium berichtet: ‚Als sie an die Stätte kamen, die Golgota, das heißt Schädelstätte, genannt wird, gaben sie ihm Wein mit Galle vermischt zu trinken; und als er davon gekostet hatte, wollte er nicht trinken' (Mt 27,33f). Es war ein Brauch bei den Juden, daß Frauen den Verurteilten einen Trank geben durften, der etwas betäubte. Die Henkersknechte rissen Jesus die Kleider vom Leib. Man warf ihn zu Boden und nagelte ihn mit den Armen am Querbalken fest, der auf dem Boden lag. Dann zog man ihn mit dem Querbalken am aufrecht stehenden Pfahl hoch und nagelte seine Füße mit einem langen Schmiedenagel an den Pfahl. In einem Buche über den Tod am Kreuz lese ich: ‚Die Sonne brennt auf den nackten Körper. Der Schmerz der Nagelwunden hält unvermindert an. Die Dehnung der Muskeln führt zu einem Muskelkrampf. Dieser breitet

sich schleichend über den ganzen Körper aus. Er beginnt in den Armen und wandert zur Körpermitte. Irgendwann erreicht er die Atemmuskulatur. Der Hängende leidet unter Atemnot. Der Druck des Blutes fällt. Sein Sauerstoffspiegel nimmt ab, der Kohlensäuregehalt steigt. Der Durst wird zur Qual. Das Herz schlägt schneller. Schweiß rinnt über den Körper. Die Körpertemperatur erhöht sich. Solange die Kraft reicht, kann der Gekreuzigte sich trotz aller Schmerzen nach oben stemmen und die Muskelspannung in den Armen für kurze Zeit vermeiden. Dann atmet er etwas leichter. Doch dieses Aufbäumen kostet Kraft. Schließlich versagen die Beine den Dienst. Die Atemnot wird drückender. Der Sterbende fühlt würgende Enge. Angst ergreift ihn. Die Durchblutung von Kopf und Herz wird immer schwächer. Der Körper erhält kaum noch Sauerstoff. Der Schlag des Herzens setzt aus. Der Kopf neigt sich vornüber auf die Brust.' [K. Speidel, Das Urteil des Pilatus, Stuttgart] (J. Bours, Ich werde ihm den Morgenstern geben, Worte für den Lebensweg, Freiburg 1988, 132f).

[64] Mit dem Begriff „Verwandlung" verweise ich auf das erste Kapitel. Dort habe ich u. a. jenen jungen Mann erwähnt, den ich zehn Monate lang zweimal wöchentlich besucht und auf den Tod vorbereitet habe. Sein Weg war ein langer Weg des „Hineinlassens" Jesu Christi. Das Kreuz des Leidens wurde ihm nicht abgenommen. Aber in demselben Maße, in dem er wieder beten konnte, hat er seine Krankheit von innen heraus „verwandelt". In den letzten Wochen war nicht mehr ich der Tröstende, sondern umgekehrt: Diejenigen, die ihn besuchten, waren die Empfangenden. Um noch einmal das Bild von dem Wasser (Bild für Jesus Christus, für die gekreuzigte Liebe) und den Poren (Bild für die Beter) zu zitieren: Das Entscheidende bewirken nicht wir selbst, sondern das Entscheidende bewirkt das Wasser, das wir betend „hineinlassen" in unseren „Boden" (Bild z. B. für das Leid, das uns oder andere getroffen hat). Allerdings: Daß der Glaube an die „Allmacht" der wehrlosen Liebe Jesu Christi keine Projektion oder fromme Illusion ist, kann ich dem Ungläubigen nicht „beweisen", sondern nur „vorleben". Der Projektionsverdacht des Nichtgläubigen bleibt bestehen. Dennoch läßt sich der Glaube an die „Allmacht" der gekreuzigten (scheinbar ohnmächtigen) Liebe auch vor der Vernunft verantworten. Denn wenn die unbedingte Anerkennung der Andersheit des Anderen (die wehrlose Liebe) von jedem Menschen unbedingt gelebt würde, wäre sie die „Verwandlung" bzw. „Unterfassung" alles Sinnlosen (aller Kreuze). Zu der Frage, inwiefern der Glaube an die „Allmacht" der wehrlosen Liebe einem von der Vernunft autonom eruierten Begriff letztgültigen Sinns entspricht vgl.: K.-H. Menke, Die Einzigkeit Jesu Christi im Horizont der Sinnfrage (Kriterien 94), Einsiedeln–Freiburg 1995.

[65] C. S. Lewis, Die große Scheidung oder zwischen Himmel und Hölle (Kriterien 47), aus dem Engl. übers. v. H. Kuhn, Einsiedeln 1978, 104–107.

[66] „Wie soll ich's schildern, mit diesen abgedankten Worten, die mir den Dienst versagen und mir die Gedanken abzuschneiden drohen, um

sie in das Magazin der Einbildungen zu verweisen? Der Maler, dem es gegeben wäre, unbekannte Farben zu erschauen, womit sollte er sie malen? Es ist ein unzerstörbarer Kristall, von einer unendlichen Durchsichtigkeit, einer beinahe unerträglichen Helle (ein Grad mehr würde mich vernichten), einem eher blauen Licht, eine Welt, eine andere Welt, von einem Glanz und einer Dichte, daß unsere Welt vor ihr zu den verwehenden Schatten der nicht ausgeträumten Träume zurücksinkt. Es ist die Wirklichkeit, es ist die Wahrheit, ich sehe sie vom dunklen Strand aus, wo ich noch festgehalten bin. Es ist eine Ordnung im Universum, und an ihrer Spitze, jenseits dieses funkelnden Nebelschleiers, ist die Evidenz Gottes, die Evidenz, die Gegenwart ist, die Evidenz, die Person ist, die Person dessen, den ich vor einer Sekunde noch geleugnet habe, den die Christen *unseren Vater* nennen und dessen milde Güte ich an mir erfahre, eine Milde, die keiner anderen gleicht, die nicht die manchmal mit diesem Namen bezeichnete passive Eigenschaft ist, sondern eine aktive, durchdringende, eine Milde, die alle Gewalt übertrifft, die fähig ist, den härtesten Stein zu zerbrechen und was härter ist als der Stein – das menschliche Herz" (A. Frossard, Gott existiert. Ich bin ihm begegnet, Freiburg ³1974, 136 f).

67 Vgl. R. Moody, Leben nach dem Tod. Die Erforschung einer ungeklärten Erfahrung, Hamburg1970; ders., Nachgedanken über das Leben nach dem Tod, Hamburg 1978.

68 „Gesetzt den Fall, die Gänse könnten sprechen, so würden sie gewiß auch ihre eigenen Gottesdienste halten; sie kämen jeden Sonntag zusammen, und ein Gänserich würde predigen. Der wesentliche Inhalt seiner Predigt wäre etwa dieser: Schaut, was für eine hohe Bestimmung haben doch die Gänse, was für ein hohes Ziel hat ihnen der Schöpfer gesetzt! Mit ihren Schwingen können sie in entfernte Länder, an gesegnete Gestade fliegen, wo sie eigentlich zu Hause sind. Zu überaus Großem sind sie berufen [...] Die Gänse säßen ganz still und unbeweglich, zu den schönsten Stellen der Predigt würden sie ein wenig mit dem Kopf nicken und nach dem Gottesdienst noch ein bißchen darüber schnattern. Aber eines, eines würden sie in ihrem gesunden, guten Werktagsverstand ganz bestimmt nie und nimmer tun: sie würden nicht fliegen. Denn das wissen sie ganz genau: daß eine Gans nicht zum Fliegen da ist und daß, würde sie hoch hinaus wollen dabei, dies ein böses Ende nähme. Fliegen also würden die Gänse nicht. Sie würden es nicht einmal versuchen, ihre Flügel zu rühren. Das nicht. Und so kämen sie Sonntag um Sonntag zur Predigt; still und unbeweglich, nickend, schnatternd – und nicht fliegend. So bis an ihr Lebensende" (zit. nach: W. Kern, Alter Glaube in neuer Freiheit, Innsbruck 1976, 57).

69 F. Stier, Vielleicht ist irgendwo Tag. Aufzeichnungen, Freiburg–Heidelberg ³1981, 28.

70 W. Pilz, Nichts zu verlieren außer der Jugend, in. PB 34 (1982) 130–140.170–178; hier: 139.